# Libres de la *E*sclavitud a la Manera de Dios

## Kay Arthur

Ministerios
Precepto
Internacional

**LA NUEVA SERIE DE ESTUDIO INDUCTIVO**
**LIBRES DE LA ESCLAVITUD**
**A LA MANERA DE DIOS**

ISBN 978-1-62119-169-8

2013, Edición Estados Unidos

# CONTENIDO

# CÓMO EMPEZAR...

Leer las instrucciones a veces resulta ser algo difícil, pues lo que tú simplemente deseas es comenzar; y solo cuando todo lo demás falle, entonces recurrirás a las instrucciones. Nosotros te entendemos perfectamente, pero en este caso ¡por favor no actúes así! Estas instrucciones realmente son una parte fundamental antes de iniciar, y de seguro te serán de mucha ayuda.

## PRIMERO

Al estudiar los libros de Gálatas y Efesios, necesitarás cuatro cosas además de este libro:

1. Una Biblia para señalar. El marcar es algo esencial porque es una parte integral del proceso de aprendizaje, y te ayudará a recordar y retener lo que hayas aprendido. Una Biblia ideal para este propósito es la *Biblia de Estudio Inductivo (BEI)*. Y decimos que es ideal para este estudio porque es muy fácil de leer, presenta amplios márgenes, el texto bíblico en una sola columna e innumerables ayudas para tu estudio, impresas en papel de muy buena calidad.

2. Un juego de lápices de distintos colores, que pueden conseguirse en cualquier librería.

3. Un cuaderno de notas para realizar tus tareas y escribir tus observaciones.

4. Un juego de bolígrafos de colores, que usarás para marcar tu Biblia.

## SEGUNDO

Aunque recibirás una orientación específica y diaria para el estudio, hay algunas cosas fundamentales que necesitarás buscar y realizar al estudiar cada libro, capítulo por capítulo. Permítenos enumerarlas; y al leerlas no te sientas abrumado por ellas, pues con el tiempo cada paso se habrá convertido ya en un hábito.

1.    Al leer cada capítulo debes acostumbrarte a plantear las siguientes preguntas: ¿Quién? ¿Qué? ¿Cómo? ¿Cuándo? ¿Dónde? y ¿Por qué? El hacer este tipo de preguntas nos ayuda a ver y entender exactamente qué dice la Palabra de Dios. Al interrogar el texto con las seis preguntas básicas, plantea algunas como las siguientes:

a.    ¿**Quiénes** son los personajes principales?

b.    ¿De **qué** se trata este capítulo?

c.    ¿**Cómo** ocurrió?

d.    ¿**Cuándo** ocurrió este acontecimiento o enseñanza?

e.    ¿**Dónde** ocurrió?

f.    ¿**Por qué** se hizo o se dijo?

2.    El "cuándo" de los acontecimientos o enseñanzas es muy importante, y deberás marcarlo de una manera distinta en tu Biblia. Nosotros lo hacemos dibujando un círculo así ◯ en el margen de la Biblia junto al versículo donde aparece la frase de tiempo. A la vez podrías subrayar con un color específico todas las frases que se relacionan al tiempo.

Recuerda que hay varias maneras de expresar lo que es el tiempo, ya sea mencionando el año, mes y día, o indicando un acontecimiento tal como una fiesta, un año del reinado de una persona, entre otras. El tiempo también puede señalarse mediante palabras tales como: *entonces, cuando, después, en ese tiempo,* entre otras.

3. Hay ciertas palabras clave que desearás marcar de manera distinta en el texto de tu Biblia; para hacerlo, debes usar los bolígrafos y lápices de color. Si desarrollas el hábito de marcar tu Biblia pronto notarás un significativo cambio en la manera de estudiar y en tu habilidad de recordar las cosas.

Una **palabra clave** es aquella utilizada por el autor una y otra vez con el fin de comunicar su mensaje al lector. A lo largo del libro aparecerán determinadas palabras clave, mientras que otras estarán concentradas en capítulos o secciones específicas del libro. Deberás marcar las palabras clave y los pronombres relacionados con (*él, ella, nosotros, ustedes, ellas, su, nuestro* y *suyo*), al igual que cualquier sinónimo con un color distinto.

Por ejemplo, en Gálatas una de las palabras clave es *evangelio*. Acostumbramos a dibujar un megáfono como éste alrededor de la palabra evangelio, y luego la coloreamos de verde. Usamos el megáfono porque Dios nos dice que debemos proclamar el evangelio.

Debes crear tu propio código de colores para marcar las palabras, de tal forma que cuando mires alguna página de tu Biblia, puedas reconocer al instante dónde aparece una palabra clave. Al marcar palabras clave con diferentes colores o símbolos, puede ser muy fácil olvidar cómo deben de marcarse. Por lo tanto, te resultará útil emplear una tarjeta para anotar las palabras clave, a las que asignarás un color específico (puedes utilizar esta tarjeta como separador de páginas durante tu estudio).

Al igual que *evangelio*, *pacto* es también una palabra clave en el estudio de Gálatas. Marcamos la palabra *pacto* de una misma manera a través de toda la Biblia; la coloreamos de rojo y la enmarcamos de amarillo. A la palabra *gracia* la coloreamos de azul y la enmarcamos de amarillo. Esta palabra será muy importante en Gálatas y Efesios. Las referencias al diablo y a sus huestes pueden verse fácilmente en nuestra Biblia, porque las marcamos con un tridente rojo . En Efesios deberás marcar algunas referencias al diablo.

El marcar las palabras clave para poder identificarlas con facilidad puede hacerse por medio de colores, símbolos o una combinación de ambos. Sin embargo, los colores son más fáciles de distinguir que los símbolos. Por lo tanto, si utilizamos símbolos tratamos de que sean siempre muy sencillos. Por ejemplo, coloreamos *arrepentimiento* con amarillo, pero también dibujamos una flecha roja  sobre la palabra. Este símbolo expresa el significado de la palabra, un cambio de mente.

Cuando marcamos los miembros de la Trinidad (que no siempre lo hacemos), coloreamos de amarillo cada palabra; pero también usamos el color púrpura y marcamos al Padre con un triángulo así: △ que simboliza la Trinidad. Al Hijo lo marcamos de esta manera, y al Espíritu Santo de esta otra.

4.Puesto que los lugares geográficos son importantes en un libro histórico o biográfico de la Biblia, y en los dos primeros capítulos de Gálatas, te resultará útil marcarlos de forma que puedas distinguirlos. Nosotros simplemente los subrayamos con verde (¡la hierba y los árboles son verdes!) utilizando ese color de  bolígrafo.

A la vez, buscamos sus ubicaciones en los mapas para situarnos en el contexto geográfico. Deberás hacer esto en los primeros dos capítulos de Gálatas (si tienes la *Biblia de Estudio Inductivo*, encontrarás los mapas como referencia dentro del texto).

5. Cuando termines de estudiar un capítulo, anota tema principal de ese capítulo en el cuadro de PANORAMA GENERAL del libro, en el lugar indicado para cada capítulo. Este cuadro aparecerá al final de cada libro en este estudio (si tienes la *Biblia de Estudio Inductivo*, deberás anotar los temas de los capítulos en el cuadro de PANORAMA GENERAL que aparece al final de cada libro en tu Biblia, así tendrás a la mano un permanente registro de tus estudios).

6. Si estás realizando este estudio siguiendo el formato de una clase (con las limitaciones de tiempo correspondientes) y notas que las lecciones son demasiado difíciles, realiza solamente cuanto puedas. Hacer poco es mejor que no hacer nada. Por favor, no seas una persona de "todo o nada" cuando se trata del estudio de la Biblia.

Recuerda que cada vez que estudias la Palabra de Dios, te encuentras en una lucha muy intensa con el enemigo. ¿Por qué? Porque todas la piezas de la armadura cristiana están relacionadas con la Palabra de Dios. Lo que el enemigo desea es que tengas una espada sin filo. ¡Pero no se lo permitas, no tienes por qué hacerlo! Esto es algo que observarás en el estudio de Efesios.

7. Empieza tu estudio siempre con oración. Mientras cumplas con tu obligación de utilizar la Palabra de Dios correctamente de seguro notarás que la Biblia es un libro inspirado por Dios. Las palabras que lees son verdaderas, son de Dios, para que puedas llegar a conocerlo a Él y Sus caminos. Estas verdades han sido reveladas divinamente "Pero Dios nos las reveló por medio del Espíritu, porque el Espíritu todo lo escudriña, aun las profundidades de Dios.

Porque entre los hombres, ¿quién conoce los pensamientos de un hombre, sino el espíritu del hombre que está en él? Asimismo, nadie conoce los pensamientos de Dios, sino el Espíritu de Dios" (1 Corintios 2:10-11).

Por tanto, pídele a Dios que te dé a conocer Su verdad, que te guíe a toda la verdad... ¡Él lo hará si tú se lo pides!

## TERCERO

Este estudio ha sido diseñado para mantenerte *cada día* en contacto con la Palabra de Dios. Ya que no sólo de pan vivirá el hombre, sino de toda palabra que sale de la boca de Dios; cada uno de nosotros necesita una porción diaria de ella.

Las tareas semanales abarcan siete días, sin embargo, el Séptimo Día es diferente de los demás. Este día se enfoca en alguna verdad principal cubierta en el estudio de la semana.

Encontrarás también versículos para memorizar y GUARDAR EN TU CORAZÓN. Y algunos pasajes para LEER Y DISCUTIR, que son de suma importancia y beneficio para el estudio de este material en clase, haciendo que el grupo enfoque su atención en una porción crucial de las Escrituras. Para ayudarte (o para ayudar a la clase) hay una serie de PREGUNTAS PARA LA DISCUSIÓN O ESTUDIO INDIVIDUAL, seguidas de un PENSAMIENTO PARA LA SEMANA, que te ayudarán a entender cómo debes de andar a la luz de lo aprendido.

Al discutir la lección semanal, asegúrate de respaldar tus respuestas con el texto bíblico; de esta manera estarás utilizando la Palabra de Dios correctamente, y bajo Su aprobación. Examina siempre tus observaciones, y mira cuidadosamente qué quiere *decir* el texto. Luego, antes de que decidas qué *significa* un pasaje, asegúrate de interpretarlo a la luz de su contexto.

Las Escrituras jamás se contradicen a sí mismas. Por lo tanto, si alguna vez te pareciera que es así, puedes tener plena seguridad de que algo ha sido tomado fuera de contexto. Si encuentras algún pasaje difícil de comprender, resérvate tus interpretaciones para luego estudiarlo con mayor profundidad.

Los libros de la Nueva Serie de Estudio Inductivo son cursos con un bosquejo general. Si deseas realizar un estudio más profundo de algún libro de la Biblia en particular, te sugerimos realizar un estudio de Precepto Sobre Precepto sobre ese libro. Para más información puedes llamar a la oficina de Precepto en tu país o al 800-763-8280 en USA, también puedes visitar nuestra página www.precept.org.

# Libres de la Esclavitud a la Manera de Dios...

*ෆෆෆෆ*

- Escuchamos los mensajes de los demás, pero no aprendemos de la Biblia.
- Podemos citar la verdad, pero en realidad no podemos explicarla... y tenemos problemas en vivirla de manera personal.
- Estamos listos para manifestar nuestra posición teológica, pero no podemos defenderla con razonamientos de todo el consejo de la Palabra de Dios.

Muchos son llevados de aquí para allá por todo viento de doctrina, por la astucia de los hombres (Efesios 4:14.)

Estamos viviendo una época en que muchos que proclaman a Cristo, no tienen sed ni hambre de la sana doctrina. En vez de eso, les gusta la picazón de oír. Quieren escuchar alguna nueva revelación, alguna nueva y diferente información. Algo que apele a sus sentidos y deseos.

"¡Capta mi atención con una buena historia!"

"¡No profundices demasiado. He tenido que pensar todo el día!"

"¡Muéstrame de qué manera esto satisfará mis necesidades... o resolverá mis problemas... enséñame algo rápido sin que tenga que comprometerme demasiado!"

"Lo que yo quiero es una solución... ¡y la necesito ya!"

¿Cuál es el problema con esto?

La humanidad está esclavizada. Algunos han sido esclavizados por Satanás, y en consecuencia a su propio yo y al pecado. Otros están cautivos por las mentiras del enemigo, porque no conocen la Verdad. Por último, hay quienes están esclavizados a la ley o a un cristianismo de estilo legalista que apaga la vida y el gozo de andar junto con el Señor Jesucristo.

¿Qué o *quién* podrá darnos la libertad?

De eso se trata este estudio de Gálatas y Efesios. "Para libertad fue que Cristo nos hizo libres. Por tanto, permanezcan firmes, y no se sometan otra vez al yugo de esclavitud" (Gálatas 5:1). Por consiguiente, ningún hijo de Dios tiene que vivir bajo la esclavitud, pues Jesucristo vino a dar libertad a los cautivos. La libertad surge cuando se conoce la Verdad, y la Verdad es una persona: Jesucristo es el Camino, la Verdad y la Vida (Juan 14:6), y Su Palabra es verdad. Por eso Él oró diciendo: "Santifícalos en Tu Verdad; Tu Palabra es verdad" (Juan 17:17).

Esta, amigo, también es nuestra oración por ti al empezar nuestro estudio de Gálatas y Efesios. Oramos para que conozcas a través de la Palabra de Verdad, la libertad que te pertenece en Jesucristo, y para que por fe camines en ella.

# GALATAS

# ¿SALVOS POR GRACIA, PERO ESCLAVIZADOS POR LA LEY?

꙰ ꙰ ꙰ ꙰

---

### PRIMER DÍA

En esta semana descubrirás el propósito de esta epístola (carta) a los Gálatas. El hacer preguntas pertinentes te ayudará a determinar el propósito de la misma. ¿Quién escribió Gálatas? ¿Por qué fue escrita? ¿Para quiénes fue escrita? ¿Por qué es importante Gálatas? ¿Por qué quiso el Señor que esta epístola fuera parte de la Palabra de Dios?

Al responder estas preguntas, te darás cuenta por qué es necesario entender el mensaje de Gálatas, y vivir de acuerdo a él.

¡Este estudio te dará una sorprendente libertad!

Cuando estudies un libro de la Biblia, lo mejor que puedes hacer es leerlo de corrido; lo cual te ayudará a entender el mensaje del libro, proporcionándote a su vez el Panorama General. Si hoy dispones de tiempo, lee Gálatas sin marcar nada; luego, regresa al primer capítulo y completa la tarea de hoy.

Lee Gálatas 1:1-10. Colorea cada referencia respecto a los destinatarios de esta carta utilizando un mismo color. Busca y marca los pronombres *ustedes*[1] y *nosotros* que se refieran a los destinatarios de la carta. Marcar las referencias a los destinatarios, te permitirá regresar después y observar lo aprendido de cada uno de ellos. Este ejercicio te ayudará a ver qué nos quiere decir el cuándo se escribió tan necesaria carta. A su vez, podrás observar que los cristianos de hoy tienen que enfrentar los mismos problemas que los gálatas.

En tu cuaderno de notas, empieza haciendo una lista de lo aprendido en las referencias que marcaste. Conforme vayas terminando tus tareas diarias, vuelve a estas referencias. Léelas cuidadosamente y agrega lo aprendido sobre los destinatarios a la lista en tu cuaderno de notas. Al final de la semana, de seguro... ¡te asombrarás de todo lo que has aprendido referente a esas personas!

Conforme leas 1:1-10, marca la palabra *gracia* de una forma distintiva, y la palabra *evangelio* de otra forma. Ambas palabras clave te serán de mucha ayuda para averiguar el propósito y significado del libro de Gálatas.

Hoy y el resto de la semana, busca las respuestas a las siguientes preguntas:

a. **¿Quién** escribió Gálatas?

b. **¿Para quiénes** fue escrito Gálatas?

c. **¿Por qué** fue escrito Gálatas? **¿Qué** propósito tiene?

Anota tus respuestas en tu cuaderno de notas. Luego escríbelas en el cuadro del PANORAMA GENERAL DE GÁLATAS (página 44). Continúa agregando información a este cuadro conforme vayas trabajando en el libro, así podrás tenerla siempre a mano.

## SEGUNDO DIA

Lee Gálatas 1:11-2:21. Continúa marcando las palabras *gracia* y *evangelio*, pero también agrega la palabra *Ley*. Nosotros utilizamos un símbolo como éste Ley, porque nos recuerda las tablas de los 10 Mandamientos.

En este punto  es probable que ya quieras empezar a elaborar tu tarjeta señalador mencionada al inicio en la sección de "Cómo Empezar".

No olvides marcar además las referencias a los destinatarios y añadir a tu lista lo aprendido de ellos  por medio de tus observaciones del texto.

## TERCER  DÍA

Lee hoy Gálatas 3. En este capítulo deberás añadir otra palabra clave, *Espíritu*, y continuar marcando las palabras clave anteriores. Nosotros coloreamos en amarillo las referencias al Espíritu Santo y colocamos un símbolo como éste alrededor.

No olvides agregar *Espíritu* a tu tarjeta. Y agrega también a tu lista cualquier observación que tengas sobre los destinatarios. Recuerda, que tu meta es descubrir cuanto puedas sobre Gálatas, y entender por qué fue escrito.

## CUARTO DIA

En este Cuarto Día, lee Gálatas 4.  Si encuentras alguna de las siguientes palabras clave: *gracia*, *evangelio*, *ley* y *Espíritu*, márcalas como has venido haciendo.

Conforme leas y marques, medita en todo esto. La Biblia es el manual de vida que Dios nos ha dado. Dios  desea hablar a nuestros corazones y Él también te escuchará - si tú lo escuchas.

## QUINTO DÍA

Lee Gálatas 5 y marca todas las palabras clave. No olvides marcar también tus referencias a los destinatarios y agregar a tu lista lo aprendido.

## SEXTO DÍA

Lee nuevamente Gálatas 6. Marca tus referencias de los destinatarios y agrega las palabras clave en tu lista. Cuando hayas terminado, léelo nuevamente y observa cada vez que hayas marcado la palabra *evangelio*. En tu cuaderno de notas, haz una lista de todo lo aprendido en Gálatas acerca del evangelio.

## SÉPTIMO DÍA

Para guardar en tu corazón: Gálatas 1:8

Para leer y discutir: Gálatas 1:1-10, y lo que has marcado con respecto a Gálatas. Mira las listas que has escrito sobre los destinatarios y el evangelio.

### PREGUNTAS PARA LA DISCUSIÓN O ESTUDIO INDIVIDUAL

∿ ¿Quién escribió la epístola a los Gálatas?

∿ ¿Qué aprendiste acerca de ellos? ¿Qué problema tenían? ¿Qué fue lo que les sucedió? Conforme contestes las preguntas, apoya tus respuestas usando el texto de Gálatas; y menciona de dónde obtuviste tu observación.

∿ ¿Conoces a alguna persona que esté pasando por lo mismo que los gálatas?

❧ El título del estudio del libro de Gálatas y Efesios es: "*Libres de la Esclavitud a la Manera de Dios*". ¿Piensas acaso que los gálatas estaban bajo algún tipo de esclavitud? De ser así, ¿Cómo lo relacionarías a hoy en día?

❧ ¿Qué aprendiste acerca del evangelio después de marcar todas sus referencias en el libro de Gálatas?

❧ En este libro, ¿qué has aprendido en relación a tu responsabilidad para con el evangelio?

## Pensamiento para la Semana

Cuando tratamos de buscar a las personas y situarlas bajo una serie de reglas legalistas como "no trates con eso, no gustes, no toques" (Colosenses 2:21), ¿estaremos distorsionando el evangelio de Jesucristo? ¿Será que esas reglas sitúan a las personas bajo una esclavitud que les impide entender y caminar en la gracia de Dios?

¿Es acaso por la ley que uno gana méritos ante los ojos de Dios? ¿Es por la ley que alguien mantiene su testimonio cristiano? ¿Es por el poder de la ley que un hijo de Dios puede controlar los deseos de la carne?

Estas, amado, son preguntas en las que debes pensar. Y necesitas respuestas de Dios para ellas, ya que estamos seguros que no deseas distorsionar la Palabra de Dios en manera alguna.

# ¿Encadenado por tu Pasado?

### Primer Día

Esta semana queremos que des un vistazo a Pablo, el autor de la epístola a los gálatas. No sólo hay mucho que hablar de Pablo, sino también mucho por aprender de su ejemplo. Pablo desafió a los corintios a ser imitadores de él, al igual que él era imitador de Jesucristo (1 Corintios 11:1).

Lee Gálatas 1, notarás una serie de eventos en la vida de Pablo. Marca cada expresión de tiempo usando un mismo color. Coloca un círculo como éste ◯ en el margen de tu Biblia a la par del versículo que contenga dicha expresión.

Haz una lista en tu cuaderno de notas sobre lo aprendido con relación a Pablo en este capítulo; dejando un espacio para todas las observaciones que desees agregar más adelante.

### Segundo Día

Lee Gálatas 2, observando nuevamente las expresiones relacionadas con el tiempo y la serie de eventos; agrega además a tu lista qué aprendes acerca de Pablo.

Para tener el Panorama General de la vida de Pablo y su ministerio, estudia el cuadro llamado: CRONOLOGÍA

DE EVENTOS EN LA VIDA DE PABLO DESPUÉS DE SU CONVERSIÓN en la página 28. Luego, observa el mapa y los lugares que Pablo visitó durante sus viajes. Si en el mapa hay algún lugar que pertenezca a ese cuadro, menciónalo y resáltalo (en este mapa no aparece la región de Judea).

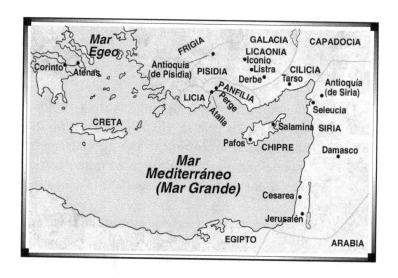

TERCER DÍA

Lee Gálatas 1:11-17 nuevamente.  Mientras lo haces, piensa en lo siguiente: ¿realmente cuándo conoció Dios a Pablo? ¿Cuándo lo separó? ¿Qué era lo que Él haría con Pablo? Compara este pasaje con Efesios 1: 1-5.  Medita en lo aprendido sobre la salvación en estos dos pasajes.

Luego, lee el Salmo 139:1-17. Observa si estos pasajes concuerdan con los que leíste en Gálatas y Efesios.

## CUARTO DÍA

Lee nuevamente Gálatas 1:11-17. Luego lee Hechos 9:1-25, y fíjate en cómo los versículos de Hechos complementan y aumentan nuestro entendimiento sobre la conversión de Pablo.

Conforme realices el estudio de esta semana, anota al margen de tu Biblia todas las referencias cruzadas que encuentres. En los siguientes días te sentirás muy contento por haber hecho esto, ya que no siempre se tienen las notas a mano, pero al escribirlas en el margen del texto no tendrás de qué preocuparte.

Márcalas de esta manera: Escribe Hechos 9:1-25 en el margen junto a Gálatas 1:11-17; y luego, en el margen de Hechos 9:1-25 escribe Gálatas 1:11-17. Esta es la forma en que debes hacer tus referencias cruzadas.

## QUINTO DÍA

A medida que continúes leyendo acerca de Pablo, lee Gálatas 1:8-24 y Hechos 9:26-30. Mientras lees y piensas en Pablo como una nueva criatura en Jesucristo, ten en mente el cuadro de la CRONOLOGÍA DE EVENTOS EN LA VIDA DE PABLO DESPUÉS DE SU CONVERSIÓN (página 28).

## SEXTO DÍA

Lee nuevamente Gálatas 2 y marca cada mención a la palabra *justificado(s)*. Nota cómo es justificado el hombre. La palabra *justificado* significa "declarado justo". Compara Gálatas 2 con Hechos 15:1-33.

¿Cómo resumirías el contenido de Gálatas 1 y 2? ¿Cuál es el tema principal de cada uno de estos dos capítulos?

Registra el tema de cada capítulo bajo su respectivo número en el cuadro del PANORAMA GENERAL DE GÁLATAS en la página 44.

---

## SÉPTIMO DÍA

Para guardar en tu corazón: Gálatas 1:15,16.

Para leer y discutir: Gálatas 1:11-24; Filipenses 3:4-7; Hechos 9:1-22.

### PREGUNTAS PARA LA DISCUSIÓN O ESTUDIO INDIVIDUAL

- ¿Qué es lo que más te interesó sobre la conversión de Pablo? ¿Por qué?

- ¿Cómo era Pablo antes de convertirse al cristianismo? Recuerda leer Filipenses 3:4-7.

- De acuerdo con Gálatas 1:15,16, ¿por qué Pablo no fue salvo anteriormente - por ejemplo, cuando Jesús aún vivía? ¿Qué aprendes sobre la salvación en este relato?

- ¿Podría aplicarse al momento en que en ti se produjo la salvación, (cuando así le agradó a Dios)? Aunque no entiendas por completo las doctrinas teológicas de esta verdad, ¿te consuela de alguna manera el saberlo? ¿Cómo?

- Al darnos Pablo su testimonio personal y los acontecimientos que se produjeron después de su conversión, ¿por qué también les dio a conocer a los gálatas las controversias que tuvo con Pedro? ¿Cuál fue el propósito de esto?

∿ Observa el cuadro CRONOLOGÍA DE EVENTOS EN LA VIDA DE PABLO DESPUÉS DE SU CONVERSIÓN (Página 28), y mira la fe de Pablo para con el llamado de Dios. ¿Qué podrías imitar?

### PENSAMIENTOS PARA LA SEMANA

¿Alguna vez has llorado por tu pasado y te has sentido atormentado por tus pensamientos respecto a no haber conocido antes a Jesucristo? Descansa amado hijo de Dios, porque Él te ha salvado cuando así le agradó. Sus promesas están allí para confortarte y asegurarte Su soberanía; aún antes de tu salvación, el Dios de toda carne fue capaz de encaminar todas las cosas a fin que trabajaran juntas para tu bien. Él te usará y te moldeará para conformarte como Él.

Al igual que Pablo, también debes tomar en serio a Dios y Su Palabra; pues Él no miente. Y lo que promete de seguro lo cumple. Olvida esas cosas del pasado y sigue adelante; Dios te premiará con el llamamiento de Dios en Cristo Jesús (Filipenses 3:7-14) Tú has sido hecho por Él, creado en Cristo Jesús para trabajar en las obras que Dios ya preparó de antemano (Efesios 2:10). ¡Sigue adelante en la fe!

# Cronología de Eventos en la Vida de Pablo Después de Su Conversión*

*Hay diferentes opiniones sobre estas fechas. Este cuadro servirá como referencia para las fechas relacionadas con la vida de Pablo.

| Cita | Año d.C. | Evento |
|---|---|---|
| Hechos 9:1-25 | 33-34 | Conversión, permanencia en Damasco |
| | | Algunos años de silencio, sólo sabemos que Pablo: |
| Gál. 1:17 | 35-47 | 1. Pasó tiempo en Arabia y Damasco |
| Hechos 9:26; Gál 1:18 | | 2. Hizo su primera visita a Jerusalén |
| Hechos 9:30-11:26; Gál 1:21 | | 3. Fue a Tarso, área de Siria-Cilicia |
| Hechos 11:26 | | 4. Estuvo con Bernabé en Antioquía |
| Hechos 11:30 | | 5. Con Bernabé llevó ayuda a los hermanos de Judea e hizo su segunda visita a Jerusalén |
| Hechos 12:23 | 44 | 6. Regresó a Antioquía; fue enviado con Bernabé por la iglesia de Antioquía |
| Hechos 12:25 | | Muere Herodes Agripa |
| Hechos 13:4-14:26 | 47-48 | Primer viaje misionero: *Escribe Gálatas(?)* |
| | | El procónsul Sergio Paulos en Patmos se puede fechar |
| Hechos 15:1-35 | 49 | Concilio Apostólico de Jerusalén - Pablo visita Jerusalén (comparar Hechos 15 con Gálatas 2:1) |
| Hechos 15:36-18:22 | 49-51 | Segundo viaje misionero: *Escribe 1 y 2 Tesalonicenses* - Estuvo año y medio en Corinto, Hechos 18:11 |
| | 51-52 | Se sabe que Galio era procónsul en Corinto |
| Hechos 18:23-21:17 | 52-56 | Tercer viaje misionero: *Escribe 1 y 2 Corintios y Romanos*, probablemente desde Éfeso |
| Hechos 21:18-23 | 56 | Pablo va a Jerusalén y es arrestado; detenido en Cesarea. |
| Hechos 24-26 | 57-59 | Comparecencias ante Félix y Drusila; ante Festo; apela al César, ante Agripa - se puede fechar |
| Hechos 27-28:15 | 59-60 | Llevado desde Cesarea hasta Roma |
| Hechos 28:16-31 | 60-62 | Primer encarcelamiento en Roma. *Escribe Efesios, Filemón, Colosenses y Filipenses* - 2 años en prisión |
| | 62 | Pablo es puesto en libertad; posible viaje a España |
| | 62 | Pablo en Macedonia: *Escribe 1 Timoteo* |
| | 63-64 | Pablo va a Creta: *Escribe Tito* |
| | 64 | Pablo llevado a Roma y encarcelado allí: *Escribe 2 Timoteo* |
| | | Pablo está ausente del cuerpo y presente con el Señor (*Otros sitúan la conversión de Pablo alrededor de año 35 d.C., y su muerte en 68 d.C.*) |

*14 años, Gálatas 2:1*
*3 años*

# ¿Dónde encontrar Libertad del poder de la Carne?

ལལལལ

## PRIMER DÍA

Lee Gálatas 2:11; 3:5 y mira el hilo de pensamiento entre Gálatas 2 y Gálatas 3 (medita en todo esto). Agrega la palabra *fe* a tu lista de palabras clave en el separador. Ahora lee 2:11, 3:5 otra vez, y marca las palabras clave.

## SEGUNDO DÍA

Agrega la palabra *promesa(s)* a tu lista de palabras clave en el separador. Luego lee Gálatas 3 y señala las palabras. Observarás que en Gálatas 3:8 se utiliza la palabra *justificaría*;[2] puesto que has estado marcando *justificado*, también debes marcar *justificaría* en este versículo. Esta forma de la palabra solamente se usa una vez en todo el libro. Presta mucha atención a cómo fluye el pensamiento.

## TERCER DÍA

Lee Gálatas 3:1-5 y Efesios 1:13-14. Registra en tu cuaderno de notas qué aprendes de ambos pasajes sobre los gálatas y el Espíritu.

## CUARTO DÍA

Lee Gálatas 3: 5-14 y Génesis 12:1-3, y anota en tu cuaderno de notas qué has aprendido acerca de Abraham. Observa quiénes fueron sus hijos.

## QUINTO DÍA

Agrega la palabra *pacto* a tu separador. Lee Gálatas 3:13-18 y marca las palabras clave. Luego, lee Génesis 15:16,18 y Romanos 4:1-9. Registra en tu cuaderno de notas, qué aprendes de estos pasajes acerca de cómo fue justificado Abraham.

## SEXTO DÍA

Lee Gálatas 3:19-29 y marca las palabras que hayas pasado por alto en el Segundo Día. En tu cuaderno de notas escribe qué has aprendido sobre la ley y por qué fue provista.

¿Cómo resumirías el contenido de Gálatas 3? Anota el tema de este capítulo en el espacio apropiado del cuadro de PANORAMA GENERAL DE GÁLATAS en la página 44.

## SÉPTIMO DÍA

Para guardar en tu corazón: Gálatas 3:23,24.
Para leer y discutir: Gálatas 3:10-26 y Santiago 2:10.

PREGUNTAS PARA LA DISCUSIÓN O ESTUDIO INDIVIDUAL

∿ ¿Qué has aprendido al marcar las palabras *justificado(s)* y *justificar* en Gálatas 2 y 3? ¿De acuerdo con la Palabra de Dios cómo es justificada una persona (declarada justa) delante de Dios?

∾ ¿Qué aprendiste de Gálatas 2 en cuanto a la ley y a la relación de Pablo con ella? ¿Cómo era su relación con la ley antes de conocer a Cristo y cómo fue después?

∾ De acuerdo con Santiago 2:10, si vives bajo la ley, ¿cuál es tu obligación para con ella?

∾ A la luz de lo que has visto en Gálatas 3, responde las siguientes preguntas:

   a. ¿Qué vino primero, la promesa de Dios hacia Abraham o la ley?

   b. La llegada de la ley (400 años después de la promesa hecha por Dios a Abraham), ¿invalidó acaso la promesa de Dios a Abraham?

   c. ¿Cuál fue el propósito de la ley?

   d. Cuando vienes a Cristo, ¿qué relación tienes con la ley?

   e. ¿Qué problema tenían los gálatas con respecto a la ley?

∾ ¿En qué punto te encuentras en tu relación con Dios? ¿Has sido justificado por la fe, de modo que ahora estás crucificado con Cristo y vives por fe? Si has sido justificado por la fe, ¿estás viviendo por ella? ¿O has vuelto a ponerte bajo la ley, de modo que tu relación con Dios se encuentra basada en las obras y no en la fe? ¿Crees que puedes ser perfeccionado por las obras de la carne?

### Pensamientos para la Semana

El guardar una serie de "leyes" no podrá cambiarte ni darte un sentimiento interior de tener una buena relación con Dios; esto no se puede mi amigo, no importa cuánto lo intentes, no importa cuánto te esfuerces en tu forma de adoración (cualquiera que sea), no importa cuánto trates de obedecer las reglas de tu religión, o de hacer buenas obras en vez de malas; no hay ninguna paz interior, ni victoria sobre la carne ¿verdad? No hay libertad de los apetitos de la carne, ¿o sí la hay?

Solamente la fe en Jesucristo te ha hecho libre o puede hacerte libre. Ya que esto es verdad, ¿por qué piensas que puedes lograr ahora, lo que no pudiste hacer antes? ¿Por qué piensas que puedes convertirte en alguien perfecto, agradable y aceptable a Dios, por medio de las fuerzas de tu carne?

Si has creído de verdad en el Señor Jesucristo, entonces estás bajo el Nuevo Pacto; un pacto que te da el Espíritu de Dios para que habite en ti.

Por lo tanto, ¡no te sometas nuevamente a la esclavitud!

# ERES HEREDERO DE LA GRACIA...
# ¡VIVE COMO TAL!

## PRIMER DÍA

Agrega *heredero* a tu separador. Lee Gálatas 4 y marca las palabras clave.

## SEGUNDO DÍA

Lee nuevamente Gálatas 4:1-11, y en tu cuaderno de notas haz una lista de todo lo aprendido sobre nuestra adopción como hijos.

## TERCER DÍA

Lee Gálatas 4:12-31. Anota lo que has aprendido acerca de Pablo y su preocupación en este pasaje de Gálatas 4:15 y Gálatas 6:11. Algunos creen que la enfermedad física de Pablo estaba relacionada con sus ojos; y que la mención de Pablo en 2 Corintios 12:7-10, acerca de un "aguijón en la carne", está también relacionada con su enfermedad.

## CUARTO DÍA

Lee Hebreos 8 y marca la palabra *pacto*. Presta mucha atención pues encontrarás referencias al primer pacto (la ley) y al Nuevo Pacto (la gracia). Distínguelos entre sí por la manera como los marcas. Finalmente, en tu cuaderno de notas elabora una lista sobre todo lo aprendido acerca de estos pactos en este capítulo.

## QUINTO DÍA

Agrega la palabra *carne*[3] a tu separador, y al leer Gálatas 4:21-31 marca también esta palabra. Nuevamente, asegúrate de marcar la palabra *pactos*.

A propósito, observa en este pasaje la palabra libre. Luego, vuelve a Gálatas 2:4 y 4:3-7. Compara nuestra libertad con lo que antes nos tenía bajo esclavitud. Observa quién y qué pacto nos hace libres. ¡Esta es la libertad de la esclavitud a la manera de Dios!

## SEXTO DÍA

Lee Génesis 16:1-6, 16, 17:15-21; 21:1-13. Luego, revisa nuevamente Gálatas 4:21-31. Ahora, en tu cuaderno de notas, elabora un cuadro con dos títulos: EL HIJO DE AGAR, Y EL HIJO DE SARA (realiza una lista de lo aprendido acerca de ellos en Gálatas 4:21-31).

Resume el contenido de Gálatas 4 y escribe el tema del capítulo en su espacio correspondiente en el cuadro del PANORAMA DE GÁLATAS en la página 44.

## SÉPTIMO DÍA

 Para guardar en tu corazón: Gálatas 4:31.
Para leer y discutir: Gálatas 4:21 y 5:1.

## PREGUNTAS PARA LA DISCUSIÓN O ESTUDIO INDIVIDUAL

- ¿Qué has aprendido en Génesis acerca de ambos hijos de Abraham?

- ¿Qué aprendiste del hijo de Agar y del hijo de Sara?

- ¿Qué similitudes has podido observar en Gálatas y Génesis con respecto a los hijos de Abraham, y la relación de Abraham con ellos y con sus madres?

- Discute nuevamente lo aprendido acerca de los destinatarios de esta epístola, y porqué les escribió Pablo. Discute la alegoría que Pablo utilizó. ¿Por qué crees que la usó y cómo le ayudó a alcanzar su propósito?

- Según lo que hemos estudiado en Gálatas, ¿de qué esclavitud nos libera Jesucristo?

- Si perteneces a Jesucristo, ¿eres un esclavo o un heredero? ¿Cómo estás viviendo tu relación con Dios?

## PENSAMIENTO PARA LA SEMANA

No hay nada más debilitante en tu relación con Dios que pensar cómo agradarle manteniendo tu propia pequeña lista espiritual de lo debido y lo indebido, o siguiendo la de alguien más. Y cuando sientas que sólo puedes ser bendecido por Dios si no quebrantas ninguna regla o reglamento religioso impuesto por los hombres, entonces te encontrarás viviendo bajo esclavitud de los legalismos o de la ley.

Si perteneces a Dios, por medio de tu fe en Cristo Jesús, entonces mi amigo eres un amado hijo de Dios. Eres Su heredero de por vida. Eres hijo de la mujer libre. Jerusalén es tu hogar. No hay condenación. La bendición de Dios es para ti por gracia, no por obras. Eres un heredero según la promesa de Dios, que es inmutable. El Espíritu Santo mora dentro de ti, y Él nunca te dejará. Vivirás para siempre con Dios y nunca serás echado. Así que desecha a la esclava y a su hijo. Ahora te encuentras bajo Su gracia y no bajo la ley, y cuando camines en la gracia serás un ser completo. Pero la gracia no te hace impune a la ley, sino que simplemente te brinda la libertad de la esclavitud a la manera de Dios; para que de esta forma puedas vivir una vida agradable a Dios.

# ¿Cómo andar en el Espíritu?

∽∾∽∾

## PRIMER DÍA

Lee Gálatas 5 y marca todas las palabras clave; a la vez, asegúrate de marcar toda referencia a los destinatarios de esta epístola.

## SEGUNDO DÍA

Lee Gálatas 5:1-12, y marca las palabras *circuncisión*[4] y *amor*.

## TERCER DÍA

Lee Génesis 17:9-14. Marca las palabras *pacto* y *circuncidado*. Nota la relación que hay entre ambas, y regístralo en tu cuaderno de notas.

## CUARTO DÍA

Lee Gálatas 1:6-10; 4:17; 5:7-12 y 6:12-13, 17. Marca cada vez que aparezcan las palabras *circuncidado* o *circuncisión* (no encontrarás estas palabras en todas las referencias, solamente en dos ocasiones). Escribe en tu cuaderno de notas lo aprendido acerca de aquellos que se opusieron a las enseñanzas de Pablo.

## QUINTO DÍA

Lee Gálatas 5:13-15 y Marcos 12:28-34, y señala cada vez que aparezca la palabra *amor*.

## SEXTO DÍA

Lee Gálatas 5:16-26 comprueba que marcaste la palabra *carne*. Haz una lista en tu cuaderno de notas de lo que has aprendido en cuanto a la carne y al Espíritu.

Escribe el tema de Gálatas 5 en el espacio correspondiente en el cuadro del PANORAMA DE GALATAS en la página 44.

## SÉPTIMO DÍA

Para guardar en tu corazón: Gálatas 5:16
Para leer y discutir: Gálatas 5:16-26.

### PREGUNTAS PARA LA DISCUSIÓN O ESTUDIO INDIVIDUAL

∾ ¿Qué aprendiste esta semana sobre la oposición a Pablo? ¿Quiénes se le opusieron? ¿Cómo se les llama? ¿Qué posición sostenían ellos sobre esa enseñanza?

∾ Con frecuencia se toma fuera de contexto a la frase "caídos de la gracia", usándola para enseñar a las personas que pueden perder su salvación. Sin embargo, al ver usada esta frase en Gálatas 5 dentro de su contexto, ¿qué crees que significa realmente?

∾ Si los de "la circuncisión" enseñaron la salvación por fe, pero todavía sostenían que la circuncisión y la obediencia a la ley eran requisitos indispensables para la salvación, ¿bajo que podrían estar quienes creían esta enseñanza?

∾ ¿Si estás bajo la ley, podrías estar también bajo la gracia? ¿Son ambas compatibles?

∾ ¿El ser libre de la ley le permite a un cristiano vivir una vida controlada por su carne?

   a. ¿Qué son las obras de la carne?

   b. ¿Qué guarda al hijo de Dios de una vida carnal?

   c. ¿Puede el hijo de Dios vivir desordenadamente a su manera después de haber sido salvo, o necesita tomar una específica decisión sobre cómo ha de comportarse? ¿De acuerdo con Gálatas, cómo debe caminar?

   d. ¿Qué ha hecho el hijo de Dios con respecto a la carne?

∾ El verbo *practicar*[8] en Gálatas 5:21 está en tiempo presente, lo que indica una acción continua. ¿El uso de este verbo implica que un hijo de Dios nunca podrá cometer alguna de estas cosas, o que nunca serán un hábito en su vida? Si son un hábito en tu vida, qué te dice esto sobre tu relación con Jesucristo? ¿Es genuina?

∾ Lee Gálatas 5:22, 23. ¿Hay nueve manifestaciones del fruto del Espíritu, o es un solo fruto? El texto te da la repuesta; observa cuidadosamente el sujeto y el verbo. ¿Están en singular o plural?

a. Discute el fruto del Espíritu.

b. Si una persona está bajo el control del  Espíritu, ¿podrá vivir una vida injusta o vergonzosa?

### Pensamiento para la Semana

¿Te has dado cuenta de la imposibilidad de la ley para justificarte? ¿Consideras que necesitas de la ley para mantenerte en lo correcto, una vez que vienes  a Jesús? ¿Puede la ley volverte perfecto ante Dios? Una vez que entras en el Nuevo Pacto de la gracia, ¡entonces recibes la promesa del Espíritu Santo! Por lo tanto, no apagues o contristes al Espíritu de Dios; permite que Él controle tu vida; vence al pecado y produce Su fruto a semejanza de Él.

¿Ya has sido salvo y  has recibido vida por el Espíritu? ¿Caminas siempre y habitualmente bajo Su control?

Y si dices: "¡Pero es que no puedo hacerlo! Entonces es posible que nunca hayas sido verdaderamente salvo, ni nacido de nuevo por el Espíritu. Por lo tanto, con sinceridad, pídele a Dios que te muestre cuál es la verdadera condición de tu corazón.

# CARGANDO LA CRUZ...
# Y LO QUE ESO SIGNIFICA...

ᏬᏬᏬᏬ

## PRIMER DÍA

Agrega la palabra *cruz* a tu separador. Lee Gálatas 6 y marca las palabras clave. En tu cuaderno de notas, haz una lista de qué aprendes al marcar *cruz* en este capítulo. Luego, vuelve a leer Gálatas 2:20. Según lo que has visto al marcar la palabra *cruz*, y al leer acerca de la "crucifixión" cristiana, ¿qué lugar ocupa la cruz en la vida de un creyente?

## SEGUNDO DÍA

Lee Gálatas 6:1-5 y Mateo 18:15-20. ¿Qué puedes aprender en estos pasajes acerca de cómo tratar a un hermano (o hermana) que está en pecado? Registra tus observaciones en tu cuaderno de notas, o resúmelas en el margen de tu Biblia.

## TERCER DÍA

Lee Gálatas 6:6-10 y 1 Tesalonicenses 5:12,13. Realiza una lista en tu cuaderno de notas sobre cómo puedes hacerle el bien a otros. E inmediatamente, comienza a poner en práctica esta verdad.

## CUARTO DÍA

Lee Gálatas 6:11-16, y marca la frase *nueva creación*. De acuerdo con este pasaje, ¿qué es lo importante – el estar circuncidado o el ser una nueva creación?

## QUINTO DÍA

Lee Romanos 7:16 y 2 Corintios 5:17. Marca las palabras *ley* y *nueva* cuando las veas (aunque no encontrarás todas las palabras en cada pasaje). Luego, en tu cuaderno de notas, escribe cómo ilustra Romanos 7 la relación entre los cristianos y la ley. ¿Quién muere, la ley o el hijo de Dios? ¿Quién es hecho nuevo?

## SEXTO DÍA

Lee Gálatas 6:11-18 y Jeremías 9:23, 24. Marca la palabra *gloriarse*[5]. Observa qué es gloriarse para los cristianos. ¿Tú también te glorías por esto o te glorías por otras cosas?

Registra el tema de Gálatas 6 en el espacio apropiado en el cuadro del PANORAMA DE GÁLATAS en la página 44. Luego, anota en tu cuaderno todas las observaciones que tengas. Cuando termines, contarás con un buen resumen del libro.

## SÉPTIMO DÍA

Para guardar en tu corazón: Gálatas 6:14.
Para leer y discutir: Gálatas 6:1-10.

PREGUNTAS PARA LA DISCUSIÓN O ESTUDIO INDIVIDUAL

- ¿Qué has aprendido en el libro de Gálatas acerca del lugar de la cruz en la vida de un creyente? ¿A qué hemos sido crucificados?

- El recordar que fuiste crucificado con Cristo, ¿te ayudará en tu diario caminar como hijo de Dios?

- De acuerdo con Gálatas 6:16, ¿qué te trae a tu vida el estar consciente acerca de la cruz?

- ¿Cuál debería de ser tu relación con otros según Gálatas 6? ¿Cómo vivirías esta verdad en lo práctico? Discute acerca de esto.

- Si dispones de tiempo, sería verdaderamente maravilloso repasar todo Gálatas capítulo por capítulo. Procura repasar el contenido de cada capítulo de memoria. Luego, puedes discutir lo siguiente:

  a. ¿Qué has aprendido de Gálatas, capítulo por capítulo, acerca de nuestro Señor Jesucristo?

  b. ¿De qué nos libera el Señor y cómo podemos aplicar este conocimiento a nuestra vida?

- Finalmente, que los miembros del grupo compartan la verdad más significativa que hayan aprendido en este estudio, y cómo afectó a su vida o entendimiento.

### PENSAMIENTO PARA LA SEMANA

Ahora, amado, camina en la correcta libertad que te pertenece en Cristo Jesús; y no permitas que nadie te ponga bajo el yugo de la esclavitud. En lugar de eso, lleva sobre ti Su yugo, y aprende de Él. ¡Solo la verdad te hará libre!

## PANORAMA DE GÁLATAS

### Tema de Gálatas:

División por secciones

| | | TEMA DE LOS CAPÍTULOS | Autor: |
|---|---|---|---|
| | | 1 | Fecha: |
| | | 2 | Propósito: |
| | | 3 | Palabras Clave: |
| | | 4 | |
| | | 5 | |
| | | 6 | |

# EFESIOS

# ¿POR QUÉ ERES ESCLAVO DE LO QUE OTROS OPINAN DE TI?

## PRIMER DÍA

Cada vez que estudies algún libro de la Biblia, siempre es bueno que primero te familiarices con el Panorama General de ese libro antes de empezar a verlo capítulo por capítulo, verso por verso. Por lo tanto, hoy lee de corrido todo el libro de Efesios. Y conforme vayas leyendo, observa en qué parte del libro el autor cambia el tema sobre nuestra posición *en Cristo* a nuestro caminar *con* Él. Cuando termines de leer el libro, registra en tu cuaderno de notas las respuestas a lo siguiente.

a. ¿Quién escribió Efesios?

b. ¿A quiénes les escribió?

c. ¿En qué capítulo el libro cambia el tema sobre nuestra posición en Cristo, a nuestro caminar con Él?

## SEGUNDO DÍA

Pablo visitó Éfeso por primera vez en su segundo viaje misionero. Un breve repaso de su viaje se encuentra relatado en Hechos 18:18-21. Luego, en su tercer viaje misionero, Pablo regresó a Éfeso.

Hechos 19 nos da interesantes detalles sobre su segunda visita a Éfeso. Esto también nos revela el trasfondo de los efesios y del propósito que tuvo Pablo al escribirles la epístola. Lee hoy con sumo cuidado Hechos 19, y teniendo en mente todos estos pensamientos.

Al leer, haz una lista en tu cuaderno de notas de todo lo que aprendas sobre los efesios en este capítulo. Toma nota de cómo era su ciudad, sus habitantes, cómo vivían y qué adoraban. Observa también cómo responden al evangelio y a Pablo.

Mira el mapa que se encuentra abajo y localiza a Éfeso (corresponde a lo que actualmente es Turquía).

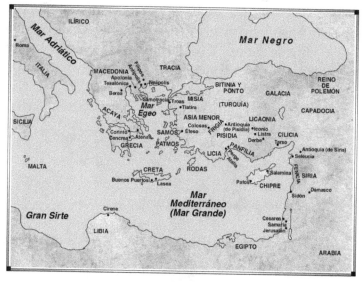

~~~

## TERCER DÍA

Las personas de Éfeso vivían como esclavos del enemigo. Por lo tanto, Pablo deseaba que ellos emntendieran dos cosas: Qué hizo Dios por ellos, y las bendiciones adquiridas por la fe en el Señor Jesucristo. Lee Efesios 1:1-14, y marca toda referencia a Dios con un triángulo. También asegúrate de observar y marcar los pronombres personales (Él, Su, de Él, etc.) que se refieran a Dios. Cuando termines, escribe en tu cuaderno de notas  todo cuanto aprendas acerca de Dios y Sus bendiciones espirituales que te ha concedido en Cristo. Luego, dedica unos minutos para agradecerle a Dios por todo lo que Él ha hecho por ti.

### CUARTO DÍA

Lee nuevamente Efesios 1:1-14. Si lo haces en  voz alta, te ayudará a recordarlo mejor; está comprobado que hacer esto repetidamente nos ayuda a memorizarlo. Si lees un pasaje en voz alta tres veces al día, mañana, tarde y noche durante una semana, pronto lo tendrás grabado en tu memoria.

Hoy, conforme vayas leyendo, marca cada mención de la frase *en Él* (*en Cristo, en Cristo Jesús*) También deberás marcar cualquier frase que haga referencia a Cristo, tal como *en el Amado*[1]. Esta frase te dirá qué tienes "en Cristo". Marca la frase de esta manera, en Cristo, y coloréala en amarillo. En tu estudio de Efesios no necesitarás elaborar un separador para anotar las palabras clave. Conforme vayamos avanzando en el libro te iremos dando instrucciones sobre las palabras clave.

Aparta una o dos hojas de tu cuaderno de notas para realizar una lista sobre lo que tengas de "en Cristo". En lo posterior, siempre que marques las frases "en Cristo" o "con Cristo", deberás registrar también  esas observaciones en esta página.

Parte del trabajo de hoy podrá parecerte repetitivo, ¡pero revisar nos ayuda a repasar, y volver a escribir tus observaciones te enriquecerá grandemente!

Piensa en lo que tienes "en Cristo" si eres un hijo de Dios. Dile a Dios cuánto quieres responder a estas verdades.

*ഗ∩ൟ*

## QUINTO DÍA

Cuando anotaste lo que viste ayer al marcar *en Cristo* o *en Él*, escribiste que "en Él" tienes redención. La palabra *redención* significa "comprar o adquirir algo". Lee Efesios 1:7,8 y 1 Pedro 1:18-21. Conforme lo hagas, notarás quiénes han sido redimidos, cómo han sido redimidos, de qué han sido redimidos y el resultado de esta redención.

En tu cuaderno de notas, escribe cuanto aprendas acerca de esto bajo el título de REDENCIÓN. Encontrarás muy útil anotar cuál escritura te brindó tus observaciones para cada punto en tu lista. Repasa tu lista y toma tiempo para agradecerle al Señor Jesucristo por haberte redimido; también habla con Él acerca de cómo puedes vivir a la luz de Su sacrificio.

*ഗ∩ൟ*

## SEXTO DÍA

Lee Efesios 1:1-14 nuevamente y busca la frase *conforme a*[2]. Coloréala o márcala de una forma distinta. O bien, sólo subráyala cada vez que se mencione. Cuando termines, medita en qué tienes o en qué ha hecho Dios por ti "conforme a"... y observa también a qué fue esto conforme a.

Teniendo en mente lo que tienes debido al propósito de Dios, Su voluntad y Su gracia... ¿Creerás tú en ello?

---

## SÉPTIMO DÍA

Para guardar en tu corazón: Efesios 1:3-4

Para leer y discutir: Efesios 1:1- 8; Juan 15:16; 1 Pedro 1:1,2; Romanos 8:28-39. Busca (y si lo deseas también marca) las palabras *escogió, escogieron*[3], *elegidos* y *predestinó* en estos pasajes.

### PREGUNTAS PARA LA DISCUSIÓN O ESTUDIO INDIVIDUAL

❧ En los pasajes "para leer y discutir" del  Séptimo Día, ¿qué aprendes acerca de los creyentes?

❧ Al ver estos versículos y observar lo que dicen sin agregarles o quitarles algo de lo que dicen, podrías responder: ¿Quién escogió a quién? ¿Cuándo? ¿Por qué?

❧ La palabra *predestinado* significa "elegido de antemano". Según estos pasajes, ya sabrás por qué y para qué "ellos" fueron predestinados.

❧ A pesar de que Dios te había escogido para Sí mismo, Él aún tenía que redimirte. ¿Qué aprendiste esta semana sobre la redención? Podrías discutir usando las seis preguntas clave que respondiste acerca de la redención en Efesios y 1 Pedro 1:18-21.

❧ ¿Qué tan precioso eres para Dios?  Recuerda lo que has visto en Efesios 1:1-14, ¡y contesta esta pregunta!

❧ La verdad te da libertad.  De todo lo que has leído y estudiado en Efesios 1, ¿qué fue lo que más  habló a tu corazón? ¿Por qué?

## PENSAMIENTO PARA LA SEMANA

Con frecuencia somos esclavos de lo que otros comentan sobre nosotros o de cómo los demás evalúan nuestros pensamientos y sentimientos. Cuando creemos esas cosas y vivimos de acuerdo a ellas, seremos cautivos de una real pero invisible idea falsa. Solamente la Verdad nos hará libres y romperá las cadenas de las mentiras del enemigo. Por lo tanto, necesitas saber lo que Dios dice acerca de ti y vivir de acuerdo a ello.

Dios dice que sin fe es imposible agradarle. Dios ha hablado y todo está escrito en Su libro, la Biblia. ¡Dios no miente! ¡Él no puede hacerlo!

Por lo tanto amigo, si eres hijo de Dios eres aceptado en Él. *Eres amado* de Dios, el Padre y Jesucristo Su Hijo. Has sido bendecido con bendiciones espirituales en los lugares celestiales. Eres parte de Su iglesia, el cuerpo de Jesucristo; y nadie podrá cambiar esto.

Dios está contigo y no en tu contra. Él te escogió para Sí mismo. Él te predestinó de antemano para ser adoptado como Su hijo. Recuerda siempre esto, sin importar cómo te sientas ni lo que otros digan. Dios no es un mentiroso. Él no puede mentir. Cree solo en Él. ¡Qué maravillosa seguridad, confianza, esperanza, paz, gozo y libertad te producirá esto!

# ¡SEGURO Y SENTADO CON CRISTO!

~~~~

## PRIMER DÍA

Lee por cuarta vez Efesios 1:1-4. Recuerda que te será de mucho beneficio leerlo en voz alta. Marca todas las referencias que encuentres al *Espíritu Santo*.

Cuando hayas terminado, registra en tu cuaderno de notas todo lo aprendido en este pasaje acerca del Espíritu Santo. Asegúrate de cuándo y con qué fuiste sellado, y qué significa esto para ti. A la vez, observa cómo es descrito el Espíritu Santo en los versículos 13 y 14.

## SEGUNDO DÍA

Lee Efesios 1:13, 14 y Romanos 8:9-17. Señala cada referencia al *Espíritu (Espíritu de Dios, Espíritu de Cristo, Espíritu de Él)*, y todos Sus pronombres relacionados con el *Espíritu* en el pasaje de Romanos 8. Ahora, agrega a tu lista todo lo aprendido acerca del Espíritu Santo y de Su relación con el creyente. Si encuentras alguna relación entre los versos de Efesios y Romanos, escríbela como una referencia cruzada en el margen de tu Biblia. Las referencias cruzadas nos ayudan cuando no recordamos en dónde se encuentra el pasaje que nos clarifica o que se relaciona con lo que estamos estudiando. Las referencias cruzadas también son de mucha ayuda cuando no tienes tus notas de estudio a la mano, porque... ¡ellas se encuentran en la Biblia! Junto a Efesios 1:13,14, escribe Romanos 8:9-17 y 8:9-17. Así es como hacemos una referencia cruzada.

## TERCER DÍA

Lee Efesios 1:14 y Romanos 8:18-23. Señala *redención* y también *Espíritu* y sus sinónimos en el pasaje de Romanos.

¿Cómo se relacionan estos pasajes entre sí? ¿Qué aprendes acerca del Espíritu en estos pasajes? ¿Qué tiene que ver el Espíritu de Dios con tu redención? Compara esto con lo que observaste en Efesios 1:7. Nota qué tiene que ver el Hijo con tu redención, en comparación con el papel del Espíritu. Registra tus nuevas observaciones acerca del Espíritu Santo o la redención en las listas en tu cuaderno de notas.

## CUARTO DÍA

Lee Efesios 1:15-23 en voz alta. En tu cuaderno de notas escribe las oraciones de Pablo por los Efesios. Recuerda, si orar por otros fue lo que Dios puso en el corazón de Pablo, Dios también lo pondrá en tu corazón. Y el Espíritu Santo nos hace orar de acuerdo a la voluntad de Dios, según Romanos 8:26,27 (¡Esta es otra verdad acerca del Espíritu Santo!)

## QUINTO DÍA

Lee en voz alta Efesios 1:15-23. En los versículos 18 y 19, observarás tres veces la palabra *cuál(es)*.[4] Nosotros escribimos los números 1, 2, 3 sobre estas palabras en la Biblia, porque ellas enumeran tres cosas por las que Pablo ora. Analízalas y piensa acerca de ellas. Escribe en tu cuaderno de notas lo que Pablo desea que sepan.

## SEXTO DÍA

Lee nuevamente Efesios 1:15-23 en voz alta. Hoy concéntrate en los versículos 18-23. En tu cuaderno de notas dibuja un sencillo diagrama que muestre primero, dónde se encuentra Cristo en Su relación con Dios; segundo, dónde se encuentra Él en relación a todo gobierno, autoridad, poder, dominio y todo nombre que se nombra; y por último, Su relación con la iglesia (asegúrate de mostrar en tu diagrama dónde se encuentra la relación de Cristo con la iglesia).

## SÉPTIMO DÍA

Para guardar en tu corazón: Efesios 1:18, 19a.

Para leer y discutir: Hechos 19:8-20; Efesios 1:15-23.

PREGUNTAS PARA LA DISCUSIÓN O ESTUDIO INDIVIDUAL

❧ De acuerdo con el pasaje que leíste en Hechos, antes que los Efesios llegaran a conocer al Señor Jesucristo, ¿en qué estaban involucrados? ¿Bajo qué autoridad estaban? ¿Qué fue lo que hicieron después de haber creído en el Señor?

❧ ¿Encuentras ahora alguna razón para la oración de Pablo en Efesios 1:15-23? ¿Cómo se corresponde la oración con lo dicho a ellos en estos versículos? Discute esto.

∾ Observa en Efesios 3:10 y Efesios 6:10-13.

a. ¿Qué términos son semejantes en el pasaje de Efesios 1:19-21?

b. ¿Qué crees que Pablo trataba de decirles a los efesios? ¿Por qué?

∾ ¿Qué aprendes en este pasaje acerca de los creyentes de Éfeso? ¿Cómo es Pablo para con ellos?

∾ Discute los elementos de la oración de Pablo, específicamente su oración por los "santos de Efeso" (la iglesia). Discute qué significa cada elemento de la oración y cómo puede ayudar este conocimiento a los creyentes en su diario caminar. Cuando discutas el segundo "cuál" (o el punto correspondiente de la oración), observa de quién es la herencia y dónde está.

∾ Las oraciones que hallamos en la Biblia son maravillosas al usarlas para orar por otros. Cuando hablas la Palabra, estás orando lo que Dios desea. En Juan 15:7, Jesús dijo que si moras en Él entonces Su Palabra morará en ti; puedes pedir lo que quieras y eso será hecho. Terminen esta discusión orando los unos por los otros.

## PENSAMIENTO PARA LA SEMANA

Cuando llegas a conocer al Señor Jesucristo, eres movido hacia otra dimensión espiritual. Te conviertes en un miembro del cuerpo de Cristo y estás sentado permanentemente con el Señor Jesucristo en los lugares celestiales. Como verás la próxima semana, esta nueva posición te libra del dominio del príncipe de la potestad del aire. Ahora estás sentado sobre todo gobierno, poder, autoridad y dominio de Satanás y sobre su nombre. ¡Pues perteneces a Jesús! ¡Tú vives bajo la autoridad del nombre de Jesucristo! ...cuyo nombre es sobre todo nombre.

¿Qué te trajo a esta alta y segura posición? Fue el poder de Su resurrección. Jesucristo resucitó de la muerte, porque Él venció el pecado, a Satanás y la muerte. Al vencerlos, te hizo libre y te redimió por Su sangre. ¡Aleluya eres hueso de Sus huesos, sentado con Él en los lugares celestiales! ¡Vive conforme a esto y no temas a nadie, sino a Él!

# Gracia que Cubre
# y Provee

∾∾∾∾

## PRIMER DÍA

Lee Efesios 2, y marca la frase *en otro tiempo* y la frase *con Cristo*, (*con Cristo Jesús, con Él, en Cristo Jesús, por medio de Él, en quien*) Asegúrate de señalar las frases de la misma manera que lo hiciste en Efesios 1. Agrega tus observaciones a la lista que ya empezaste sobre qué tienes "en Cristo".

∾∾
## SEGUNDO DÍA

Lee Efesios 2:1-7 en voz alta. Haz una lista en tu cuaderno de notas sobre cómo vivías en "otro tiempo", antes de ser resucitado con Cristo. Al hacer la lista, piensa cuidadosamente en lo que dice el texto bíblico y en cómo tu antigua forma de vivir ya no concuerda con lo que ahora eres en Cristo.

∾∾
## TERCER DÍA

Lee Efesios 2:1-2; Juan 8:44; Juan 12:31 y 2 Corintios 4:3-4. Haz una lista en tu cuaderno de notas acerca de qué aprendes sobre Satanás. Observarás que se le llama con diferentes nombres: el príncipe de la potestad del aire,[5] el príncipe de este mundo,[6] el dios de este mundo, diablo, homicida y mentiroso. Este fue quien gobernó tu vida antes que el Señor Jesucristo te salvara por su gracia. ¿Ahora entiendes por qué el mundo está como está?

---

## CUARTO DÍA

Lee Efesios 2:1-10 y Tito 3:4-8. Señala la palabra *gracia*. Deja libre toda una hoja en tu cuaderno de notas para elaborar una lista de todo lo que aprendas en este estudio de Efesios en cuanto a la gracia de Dios. Ahora empieza con esa lista y escribe todo lo que Dios ha hecho en Su gracia según estos pasajes.

Lee nuevamente Efesios 1, y señala cualquier referencia a la gracia que aparezca en este capítulo. Agrega tus observaciones a la lista.

---

## QUINTO DÍA

Lee Efesios 2:11-18. Toma nota de las palabras paz y *enemistad*. (puedes subrayarlas si así lo deseas). Escribe en tu cuaderno de notas qué aprendiste de los dos grupos descritos en este pasaje. Anota qué los separa y qué los une.

---

## SEXTO DÍA

Lee nuevamente Efesios 2, y señala la palabra ustedes.[7] Marca los pronombres *vosotros*, *nosotros*, y *nuestra*. Lee una vez más el capítulo, y haz una lista en tu cuaderno de notas de todo lo que aprendas de esas palabras. Repasa la lista y piensa en de todo lo que Dios ha hecho por ti. Agradécele por la abundante gracia que ha derramado sobre ti.

## SÉPTIMO DÍA

Para guardar en tu corazón: Efesios 2:8-10
Para leer y discutir: Efesios 2:1-10; Romanos 5:6-11.

### PREGUNTAS PARA LA DISCUSIÓN O ESTUDIO INDIVIDUAL

∽ Cuando el Nuevo Testamento fue escrito, se escribió en el griego koiné. La palabra griega para gracia es *charis*, que significa "favor inmerecido o no ganado". Con esto en mente, lee Efesios 2:8-10 y responde:

a. ¿Cómo se demuestra la definición de la palabra gracia en estos versículos?

b. ¿Qué contrasta con la gracia en estos versículos?

c. Según este pasaje, ¿qué papel tienen las obras en la vida de un hijo de Dios?

∽ Discute lo aprendido en Romanos 5:6-11 sobre la gracia de Dios. Después, lee Romanos 5:12-21, y observa qué más dicen estos versículos sobre la gracia de Dios.

∽ Si estudiaste Gálatas, piensa en qué aprendiste sobre la gracia de Dios en esa epístola. ¿Cuál era el problema de los gálatas?

∽ Lee las palabras de Pablo en 1 Corintios 15:9-10, y nota qué dice sobre la gracia. De acuerdo con estos versículos, ¿cómo fue manifestada la gracia en la vida

de Pablo? ¿Cómo respondió Pablo a ella? ¿Cómo hace
esto un paralelo con Efesios 2:8-10?

∞ ¿La gracia nos da permiso para pecar, para vivir como
mejor nos parezca? Lee Judas 3, 4 y observa qué hacen
algunas personas con la gracia de Dios y cómo se les
describe. ¿Cómo debes responder a la gracia de Dios?

∞ ¿De qué dependes para ir al cielo? De acuerdo con lo
leído en Efesios, ¿estás en lo correcto?

## PENSAMIENTO PARA LA SEMANA

¿Te encuentras doblegado, sin poder levantar la mirada,
por el peso de la culpa o del pecado que te agobia?
Recuerda siempre que Cristo Jesús vino al mundo a salvar
a los pecadores. ¡No estás solo! Todos hemos pecado y
estamos destituidos de la gloria de Dios (Romanos3:23).
Sí, tú fuiste creado a la imagen de Dios y al igual que toda
la humanidad, naciste muerto en tus delitos y pecados.
Por causa del pecado has caminado en tu propio camino.
Como todos nosotros, te has descarriado y has caminado
bajo el poder del diablo. Pero Jesucristo pone fin a todo
esto cuando te vuelves a Él, cuando reconoces que Él es
Dios, y permites que Él gobierne tu vida ¡Cristo vino para
salvarte!

En el instante que crees en Jesucristo, en el momento
que lo recibes como Señor y Salvador y lo reconoces como
Dios, eres salvo por la gracia de Dios. Eres salvo, pero no
para vivir como mejor te parezca. Al contrario, has sido
salvo para andar en buenas obras que Dios ha preparado
para ti. Son obras que Él ha planificado especialmente para

ti. Por ejemplo, una de las obras que Dios ha preparado para nosotros, es que enseñemos a otras personas cómo estudiar Su Palabra. Este libro es parte de nuestro llamado. Las buenas obras varían, pero todas provienen de Dios.

No te pierdas las buenas obras por estar enfocado en tu pasado, tus pecados o tus pérdidas; no te excuses de servir a Dios por lo que fuiste o por lo que te han hecho. Si nosotros hiciéramos eso, no estaríamos haciendo lo que hacemos ahora, ya que nuestro pasado no fue muy agradable. Debes decidir como nosotros lo hicimos, y creerle a Dios; decir como Pablo: "Por la gracia de Dios soy lo que soy" (1 Corintios15:10). Su gracia hacia ti no será en vano. En lugar de eso, caminarás fuera de la prisión de tu pasado, y vivirás en libertad. ¡Pero no tú, sino la gracia de Dios en ti! Aprópiate de Su toda suficiente y más que abundante gracia.

Oh, amigo, libérate de ese peso de culpa. Porque en donde abundó el pecado, sobreabundó la gracia. No tienes ninguna excusa para no hacerlo ¡Aprópiate de Su gracia y sigue adelante!

# AMADO
# INCONDICIONALMENTE

༄༅༄༅

## PRIMER DÍA

Lee en voz alta Efesios 3, lo cual te ayudará a recordar su contenido. Marca la palabra *misterio*. La palabra griega para *misterio* es *musterion*. Un misterio es una verdad espiritual que antes estuvo oculta y no fue revelada sino hasta que Dios decidió declararla por medio de uno de Sus siervos.

## SEGUNDO DÍA

Lee Efesios 2:19-3:7. Observa quiénes son los "vosotros"[8] del versículo 19. ¿Son gentiles o judíos? Efesios 2 nos da una clara respuesta; y puede que te hayas dado cuenta de esto en tu estudio de la semana pasada.

Al terminar de leer el pasaje de hoy, mira si puedes discernir cuál es el misterio revelado por medio de Pablo. Escribe lo que decidas en tu cuaderno de notas, y sé muy claro al hacerlo.

Si dispones de tiempo, lee nuevamente Efesios 1:1-4, y observa el contexto donde se usa la palabra *misterio*. ¿Qué aprendes del texto? (¡El marcar la palabra *misterio*, a través de toda la Biblia en forma distinta como hiciste en Efesios, te capacitará para aprender más acerca de los misterios!)

### TERCER DÍA

Lee nuevamente en voz alta Efesios 3. Esta vez marca la palabra *gracia* igual que lo hiciste anteriormente. Agrega a tu lista todo lo que hayas aprendido sobre la gracia en este capítulo; al hacerlo, observa con mucho cuidado la gracia que Dios le dio a Pablo, y qué le permitió hacer con ella.

### CUARTO DÍA

Lee nuevamente Efesios 3, y marca cada frase *en Cristo Jesús*, en *quién* o en Cristo, tal como lo has hecho antes. Luego, agrega en tu cuaderno de notas lo aprendido acerca de estar "en Cristo".

### QUINTO DÍA

Al examinar Efesios, es muy importante tener en mente la idea completa de su tema. En los primeros 3 capítulos de Efesios, Pablo trata acerca de la posición del creyente en Cristo. Él utiliza ciertas palabras clave como ayuda para alcanzar su punto de vista. Lee nuevamente Efesios 1 y 3, y busca la palabra *propósito*. En un curso como éste, es probable que no comprendas toda la profundidad con la que habla Pablo; sin embargo, ¿qué puedes aprender sobre el propósito de Dios en relación a ti, Su hijo?

¿Qué dice esto acerca de ti amado? ¿Tu vida no tiene sentido para Dios? ¿Vives de acuerdo a lo que Dios dice?

## SEXTO DÍA

Lee Efesios 3:14-21. Y marca las palabras *Espíritu*, *poder* y *amor*. Cuando marques *poder*, regresa y también marca *poder* en Efesios 1:19 de la misma manera. Nosotros marcamos la palabra *amor* con un corazón como éste amor y lo coloreamos en rojo. Si deseas puedes marcarla de la misma manera en Efesios 1:4 y en 2:4. ¿Sabes acaso cuán amado eres y por Quién?

Cuando termines, escribe en tu cuaderno de notas las cosas específicas por las que Pablo ora a favor de la iglesia de Éfeso.

¿Cómo resumirías el contenido de cada uno de los primeros tres capítulos de Efesios? ¿Cuál es el tema principal en cada uno? Anota el tema de cada capítulo en el cuadro del PANORAMA DE EFESIOS en la página 89, bajo el espacio que le corresponde; a la vez, anota todas las observaciones que tengas. Llenar este cuadro te dará una completa referencia o panorama del libro cuando lo hayas completado.

## SÉPTIMO DÍA

Para guardar en tu corazón: Efesios 3:20,21.

Para leer y discutir: Efesios 1:22, 23; 2:19-22; 3:8-10; 20,21.

### PREGUNTAS PARA LA DISCUSIÓN O ESTUDIO INDIVIDUAL

∽ ¿Cuál es el misterio que revela Pablo en Efesios 2, al que llama específicamente un misterio en el capítulo 3?

a. ¿Cómo se dio este misterio? En otras palabras, ¿qué fue lo que Dios o Jesús hizo para que sucediera?

b. ¿En dónde se originaron los judíos y los gentiles?

c. ¿Qué clase de templo somos?

d. ¿En dónde estamos sentados y por qué?

e. ¿Cuál es Su papel en este misterio (Efesios 2:18-22)?

∞ Discute cuáles eran las cosas por las que Pablo oraba por la iglesia según Efesios 3.

a. ¿Cómo has visto el amor de Dios manifestado en Efesios 1 al 3? En otras palabras, ¿qué te muestra la profundidad y la anchura del amor de Dios en estos capítulos?

b. De acuerdo a la oración de Efesios 3, ¿dónde habita Cristo y cómo lo hace?

c. Esta es la segunda oración de Pablo a favor de los efesios. Recuerda que la primera está registrada en Efesios 1:15-23. Notarás que la palabra "poder" se menciona en ambas oraciones. ¿Qué quiere Pablo que sepan los cristianos de Éfeso?

d. ¿Para quiénes está disponible este poder? ¿Cómo eres fortalecido por este poder? ¿Dónde? Discute sobre ambas oraciones al responder estas preguntas.

e. ¿Cómo puede Cristo hacer las cosas mucho más abundantes de lo que pides o entiendes?

f. ¿Qué has aprendido en cuanto al Espíritu Santo al marcar las referencias acerca de Él en Efesios 1 al 3?

~ Observa lo que has registrado en tu cuaderno de notas bajo el título "en Cristo". ¿De qué manera el conocimiento de estas cosas, en cuanto a tu posición en Cristo, te ha ministrado personalmente?

~ ¿Qué has aprendido de Efesios 1 al 3 acerca de la gracia de Dios?

~ ¿Cómo te han hablado de manera más profunda, estos tres primeros capítulos de Efesios?

### Pensamiento para la Semana

Pablo oró para que los efesios reconocieran y supieran con certeza qué les pertenecía por ser ellos de Cristo. Eran parte de Su cuerpo, Su templo, en el cual Él mora por Su Espíritu. Amado, ésta también es nuestra oración, porque Cristo desea que tú lo sepas. Esa fue la razón por la que Pablo escribió esto, para saber y entender qué es estar seguro del amor de Dios y de Cristo. Nada te dará mayor libertad que saber que eres amado incondicionalmente y para siempre. Y dicho conocimiento del amor te llena profundamente de Dios.

Sin embargo, Dios no sólo desea que comprendas la anchura, la longitud, la altura y la profundidad de Su amor, sino que también desea que conozcas la grandeza de Su poder que actúa en ti. Es el mismo poder de la resurrección que actuó en Cristo levantándolo de los muertos. Es el poder del Espíritu Santo que está para fortalecerte en tu hombre interior. Es el poder de Dios actuando en ti, un poder que te capacita para vivir de manera sobrenatural como hombre o mujer de Dios. Es una vida más allá de tu propia sabiduría o capacidad. Es una vida que trae gloria a Dios y que da una verdadera imagen (una verdadera valoración) del carácter de Dios.

¡Cuánto necesitan el mundo y las personas con las que te relacionas, poder ver la vida de Dios manifestada en ti! Y esto es posible porque estás en Cristo y Él en ti ¡Nunca lo olvides!

# ¡PERDONADO
# Y CAPACITADO PARA PERDONAR!

## PRIMER DÍA

Lee Efesios 4 y marca toda referencia al *Espíritu*, como has hecho hasta ahora (asegúrate que realmente sea una referencia al Espíritu Santo). Marca también las palabras *redención* y *vivan*.[9] Observa el cambio que ocurre en este punto de la epístola. ¿Qué empieza a hacer Pablo en este punto de la carta a los efesios? Continúa agregando tus observaciones a tu lista acerca de la redención.

## SEGUNDO DÍA

Lee en voz alta Efesios 4:1-6, y marca la palabra *un*. Luego, haz una lista en tu cuaderno de notas sobre todo lo que tienen los cristianos en la unidad del Espíritu, y cómo deberían de vivir.

## TERCER DÍA

Lee Efesios 4:1-16 en voz alta; esta vez marca la palabra *gracia* como ya lo has hecho antes. Marca también la palabra *don (dones)* de una manera distinta. Luego, en una hoja de tu cuaderno de notas escribe el título DONES

ESPIRITUALES y lista todo lo que aprendas sobre ellos en este pasaje de Efesios. Fíjate quién los dio, a quiénes, cuándo fueron dados y por qué. Recuerda añadir también tus observaciones a la lista sobre la gracia de Dios.

## CUARTO DÍA

Lee Efesios 4:11-16 en voz alta. Marca cada vez que aparezca la palabra *cuerpo*, cada referencia hecha a *los santos*[10] y cualquier sinónimo o pronombre. Después, haz una lista en tu cuaderno de notas de lo aprendido en este pasaje acerca de los santos y el cuerpo. Mientras completas la lista, plantea las seis preguntas clave al texto, por ejemplo: ¿Cómo fue formado el cuerpo? ¿Qué habrán de alcanzar los santos? ¿Qué sucederá si lo alcanzan?

## QUINTO DÍA

Lee Efesios 4:17-24. Marca la frase *viejo hombre*;[11] luego, contrasta la forma en que viven o andan los gentiles con la forma en que lo hacen los que están en Cristo. Registra esta lista en tu cuaderno de notas. Y si deseas, regístralo también en el margen de tu Biblia de alguna manera que te sea fácil de encontrar.

## SEXTO DÍA

Lee Efesios 4:17-32. ¿Observaste la frase "por tanto"[12] en el versículo 25? Siempre que encuentres "por tanto", averigua por qué está allí. Nosotros marcamos *por tanto* usando tres puntos rojos así: ⦙. Ahora averigua por qué se encuentra allí este "por tanto". Primero marca la frase en tu Biblia; luego discute Efesios 4:25- 32, y haz una lista en tu cuaderno de notas sobre cómo debes comportarte ahora que eres una nueva persona.

Apunta el tema principal de Efesios 4 en tu cuadro PANORAMA DE EFESIOS en la página 89.

## SÉPTIMO DÍA

Para guardar en tu corazón: Efesios 4:1-3; o Efesios 4:32 o Efesios 4:1, 32.

Para leer y discutir: Efesios 4:22-32 y Colosenses 3:12-14.

### PREGUNTAS PARA LA DISCUSIÓN O ESTUDIO INDIVIDUAL

∽ ¿Cuando hiciste tu lista de Efesios 4:25-32 sobre cómo debemos comportarnos, qué fue lo que escribiste? Observa cada cosa por separado y discute una a una lo que debes hacer. Luego examínate a ti mismo y pregúntate lo siguiente: ¿Estoy haciendo lo que Dios quiere que haga? Si no, ¿por qué no?

∽ ¿Hay alguien a quien no has perdonado? ¿Por qué?

∽ ¿Cuánto te ha perdonado el Señor?

∽ ¿Cuál es la diferencia entre ofender a una persona y ofender al Señor Jesucristo? ¿Quién es perfecto y sin pecado? ¿Cuál será mayor, tu ofensa a los hombres o a Dios? ¿Por qué?

∽ De acuerdo con Efesios 4:32, ¿cómo debes perdonar a otros? ¿Existen acaso condiciones para perdonar? ¿Existen faltas o pecados que tú no debas perdonar a causa de lo malos, crueles o sin amor que hayan sido contigo?

Lee una vez más Colosenses 3:12-14. ¿Qué paralelos ves en estos versículos con lo que Dios dice en Efesios?

∼ Si te niegas a perdonar a otros, ¿qué te sucederá? Busca los siguientes versículos y discútelos: Mateo 6:12-15 y 18:21-35.

∼ De acuerdo con lo aprendido en cuanto a tu posición en Cristo, ¿tienes tú el poder y la capacidad de perdonar? ¿Dónde encuentras este poder? ¿Cómo puedes apropiarte de él? Y si lo tienes pero no lo usas, ¿estarás caminando como Dios te ha dicho? ¿Qué estás haciendo?

∼ ¿Estás dispuesto a obedecer al Señor en todo lo dicho en Efesios 4? Si no lo estás, ¿por qué no?

## Pensamiento para la Semana

Todo el cuerpo de Cristo está formado por personas que han sido perdonadas de todos sus pecados. Si tú eres parte de Su cuerpo, tus pecados ya han sido perdonados; no porque lo merecieras ni porque te lo ganarás, sino por la incondicional, abundante e inmerecida gracia de Dios, la cual Él te ha concedido gratuitamente en Jesucristo, Su Amado Hijo.

Lo que merecerías es condenación, pero no hay condenación para los que están en Cristo Jesús (y esto fue hecho cuando creíste en Él).

Si has pecado en contra de un Dios Santo y sin culpa y has sido perdonado muchas veces, ¿cómo podrías negarle el perdón a otros porque sientes que te deben algo, o porque han pecado contra ti? Retener el perdón, es un acto que va en contra del evangelio de tu salvación; el cual declara el perdón de tus pecados y tus deudas, por parte de un Dios Santo. Negarse a perdonar es anular u olvidar todo respecto a tu salvación, es jugar a ser Dios al decir: "Dios te perdonará, pero yo no. ¡Tu pecado es demasiado grande!"

Escucha cuidadosamente, si te niegas a perdonar, eres igual a la persona de la que habla Jesús en la historia relatada en Mateo 18. Mientras que no perdones seguirás siendo prisionero de ti mismo y serás entregado a los "torturadores" por así decirlo. En otras palabras, te sentirás atormentado hasta que decidas andar en obediencia y perdones a otros. Si eres un hijo de Dios tú puedes perdonar, porque tienes Su Espíritu y Su poder; por favor... ¡no contristes al Espíritu Santo de Dios!

# ¿Cómo Puedo andar en Amor?

ᘓᘓᘓᘓ

---

### PRIMER DÍA

Lee Efesios 5 y marca cada mención de las palabras *anden*[13] y *amor* (*amado, amar*).

---

### SEGUNDO DÍA

Lee Efesios 5:1-6; 1 Corintios 6:9-11; Gálatas 5:19-21. En cada uno de estos pasajes subraya y marca de alguna manera definida cualquier referencia hecha a *heredar el reino de Dios*. Luego en tu cuaderno de notas registra lo aprendido sobre estos pasajes y acerca de aquellos que no heredarán el reino de Dios.

---

### TERCER DÍA

Lee Efesios 5:7-14. Observa el contraste entre la luz y la oscuridad. Detalla en tu cuaderno de notas qué deben hacer los hijos de luz.

77

---

### CUARTO DÍA

Lee Efesios 5:1-21 para retener en tu mente el contexto, pero concéntrate en los versículos 15-21. Contrasta lo sabio con lo necio. ¿Cómo deben andar los sabios? Detalla en tu cuaderno de notas lo que este pasaje diga exactamente acerca de cómo son los sabios. Luego, examina tu andar con el Señor a la luz de todo esto. ¿Estás caminando como una persona sabia?

---

### QUINTO DÍA

Lee Efesios 5:15-33, y enfócate otra vez en los versículos 22-33. Observa lo que dice Efesios 5:22-33 acerca de cómo deben vivir los esposos y las esposas. ¿De dónde viene el poder? ¿Cuál es el mandamiento de Efesios 5:18?

En tu cuaderno de notas, detalla con exactitud todos los deberes de las esposas. Al hacerlo, no olvides examinarlos a la luz de las seis preguntas básicas. Si estás casada, examina tu andar a la luz de estos versículos.

¿Te dice Dios que te sometas a tu esposo solamente si él te ama como Cristo ama a la iglesia? ¿Quién te dará el poder para someterte?

---

### SEXTO DÍA

Lee nuevamente Efesios 5:22-33, y esta vez concéntrate en lo que Dios dice a los esposos. Ahora, en tu cuaderno de notas escribe con exactitud todos los deberes de los esposos. Nota el por qué y el cómo de estas instrucciones, marca también cada referencia a *Cristo* (*Él, Sí mismo, Salvador, Él, Su*). Luego haz una lista de qué aprendes acerca del  Señor en estos versículos. Si estás casado, examina tu caminar a la luz de estos versículos. ¿Estas palabras son condicionales? ¿Nos dice este pasaje que el marido debe amar a la esposa de esa manera solamente si ella es sumisa y lo respeta? ¿Este pasaje está ordenando que el marido haga que la esposa se sujete?

Escribe el tema principal de Efesios 5 en el cuadro PANORAMA DE EFESIOS en la página 89.

## SÉPTIMO DÍA

Para guardar en tu corazón:  Efesios 5:2

Para leer y discutir:  Efesios 5:1-14 y 1 Corintios 13:1-3.

### Preguntas para la Discusión o Estudio Individual

ꙮ Parecería que es más fácil *decirle* a Dios "te amo", que a tu pareja o tu prójimo, y que *andar* en amor. ¿Qué aprendiste de Efesios 5 sobre andar en amor?

  a. Dibuja lo que estás estudiando en Efesios. Si anduvieras en amor, cómo vivirías con respecto a:
  1. ¿Dios?
  2. ¿Tu pareja?
  3. ¿Tu prójimo?

  b. De acuerdo a 1 Corintios 13, si no andas en amor, ¿cuál es el resultado final?  En 1 Corintios 13:1-3, encontrarás una lista de las cosas que debes hacer o tener, pero ¿qué provecho tendrían si en ti no hay amor?

ꙮ De acuerdo con Efesios 5, ¿cuál es el modelo o ejemplo del creyente acerca de andar en amor?

a. ¿Hasta qué punto podría llegar ese amor?

b. ¿Hasta qué punto debe llegar el amor de un esposo por su esposa? ¿Bajo qué condiciones?

∾ ¿Qué o quién te dará el amor que necesitas para poder amar a otros? Lee Gálatas 5:22. ¿Cómo puede compararse todo esto con el mandamiento en Efesios 5:18?

∾ De acuerdo con Efesios 5:22, la esposa debe estar sujeta a su propio esposo.  Sin embargo, de acuerdo con Efesios 5, ¿solo la esposa es la que debería estar sumisa?

∾ En tu estudio de esta semana, ¿qué aprendiste en relación a los que no entrarán en el reino de los cielos? ¿En los pasajes que estudiaste el Segundo Día, notaste la repetida advertencia de no engañarse con respecto a esto? ¿Qué te dice esto sobre quiénes son realmente los hijos de Dios?

∾ ¿Qué versículo o versículos te hablaron más en Efesios 5? ¿Qué harás con lo que Dios ha dicho?

## Pensamiento para la Semana

¿Cómo puede una esposa someterse a un esposo que no la ama con amor sacrificial? ¿Cómo puede un esposo amar, dar aliento y apreciar a una esposa que tiene tantos defectos?

La respuesta a éstas y otras preguntas difíciles se encuentran en un solo versículo... Efesios 5:18. "Sed llenos del Espíritu."

El Espíritu Santo está presente viviendo en nosotros; y tú has sido sellado por Él hasta el día de la redención. Cristo está en ti y tú en Él. Tú tienes el Espíritu, ¡y el poder de Su resurrección! ¡Vive ahora a la luz de todo esto, anda en amor! ¡Sé lleno del Espíritu Santo! Él está presente, y anhela y espera llenarte.

El fruto de Su llenura se manifiesta con nueve atributos: amor, gozo, paz, paciencia, benignidad, bondad, fe, mansedumbre y templanza (Gálatas5:22-23).

Puesto que el mandamiento "sed llenos del Espíritu" está en voz pasiva, significa que el Espíritu te llenará sólo si tú se lo permites; y debes saber esto querido hijo de Dios, tú puedes ser lo que Dios te ordena ser. Todo esto gracias a que tienes el Espíritu de Dios. Así que permítele hacer lo que Él te ha llamado a ser. Ninguna palabra de Dios carece de poder; por lo tanto, Él te dará Su poder para ser la esposa, el esposo, y como veremos en Efesios 6, el hijo, el padre, el jefe, el empleado o el soldado que Dios te ha llamado a ser. Es tan sólo un asunto de obediencia de fe. ¡Amado, sé lleno del Espíritu Santo!

# ¡ESTÉN FIRMES!

∞∞∞∞

## PRIMER DÍA

Lee Efesios 6 para obtener el Panorama General de este último y tan importante capítulo. Marca las palabras *Espíritu* y *misterio*.

## SEGUNDO DÍA

Lee Efesios 6:1-4; Éxodo 20:12; Deuteronomio 5:16; 6:1-9. Haz una lista en tu cuaderno de notas de todo lo que aprendiste en estos pasajes sobre cuál debe ser el comportamiento de los hijos hacia sus padres, y la responsabilidad de los padres hacia sus hijos.

## TERCER DÍA

Lee Efesios 6:5-9; 1 Pedro 2:18-25 y Santiago 5:1-6. Registra en tu cuaderno de notas qué aprendiste en estos pasajes acerca del siervo y el amor; y detalla sus responsabilidades con respecto a cómo deben de tratarse entre ellos. Luego, medita en esta lista a la luz de la relación que debe haber entre un jefe y un empleado. ¿Cómo te evalúas a ti mismo?

Lee Efesios 6:1-9 nuevamente y piensa en lo diferente que sería nuestra sociedad si hiciéramos caso a la palabras de Dios. Nosotros tenemos la responsabilidad de vivir como Dios nos dice que vivamos, sin importar lo que los demás digan o hagan.

---

## CUARTO DÍA

Lee Efesios 6:10-17 en voz alta. Luego, lee nuevamente el pasaje y marca cada referencia al *diablo*. Señala *los principados*[14], *potestades*[15], *los poderes de este mundo de tinieblas*[16] y *fuerzas espirituales de maldad en las regiones celestes*[17] de una misma manera, ya que todas éstas se encuentran bajo el poder y dominio del príncipe del poder del aire, del diablo. Apocalipsis 12:7-9 nos muestra claramente que existen toda clase de huestes de seres angelicales que siguen a Satanás y están bajo su voluntad. Estos son los gobernadores invisibles, las potestades, y las fuerzas mundanas y espirituales que se oponen a la obra de Dios en la tierra; por lo tanto, en tu cuaderno de notas, haz una lista detallada sobre todo lo aprendido al marcar estas palabras.

---

## QUINTO DÍA

Lee nuevamente Efesios 6:10-17, en voz alta. Este es un pasaje que debes memorizar. Marca cada frase *estar firmes*[18]. Luego, en tu cuaderno de notas haz una lista de todas las instrucciones que encuentres dirigidas a los destinatarios de esta carta.

---

## SEXTO DÍA

Lee Efesios 6:18-24, y marca de manera similar las palabras *oración* y *súplica*.[19] Marca también la palabra *amor*. Luego, en tu cuaderno de notas haz una lista de todo lo aprendido acerca de la oración a partir de este pasaje. Al terminar, haz una pausa y piensa en la importancia de la oración. ¿Habría orado Pablo como lo hizo por los efesios o habría pedido que oraran por él si la oración realmente no hiciera ninguna diferencia?

Escribe el tema principal de Efesios 6 en el cuadro del PANORAMA DE EFESIOS en la página 89. Registra el tema principal de Efesios en el lugar que le corresponde en el cuadro.

## SÉPTIMO DÍA

Para guardar en tu corazón: Efesios 6:13, o mejor Efesios 6:10-13.

Para leer y discutir:  Efesios 6:10-20; 1 Pedro 5:8,9; 2 Corintios 11:2-4, 13-15.

### Preguntas para la Discusión o Estudio Individual

∾ Ninguna otra epístola nos habla tanto sobre la lucha espiritual como Efesios. Repasa una vez más el trasfondo de la iglesia de Éfeso. A la luz de estos antecedentes, ¿no te parece lógico que Pablo insistiera tanto en la necesidad que tenía de recordarles quiénes eran y dónde estaban sentados, y que permanecieran firmes en el Señor y en el poder de Su fuerza?

∾ ¿Qué aprendes sobre la oración de Pablo en Efesios 1, que tenga alguna relación con sus palabras de Efesios 6:10-17? Presta atención al uso de las frases "grandeza de Su poder" y "poder".

∾ ¿Qué fue lo que observaste en ambos pasajes sobre la "grandeza de Su poder"?

ᘛ ¿Qué conflicto de poder puedes observar en Efesios 1 y Efesios 6? ¿Qué conflicto es mayor? ¿Cómo puedes saber esto partiendo del texto?

ᘛ ¿Cuáles son las instrucciones generales de Dios para el creyente en Efesios 6:10-17, en relación a la batalla espiritual?

ᘛ ¿Cuáles son las piezas específicas de la armadura que deben "ponerse"? Menciónalas. Al hacerlo, discute qué representa cada pieza de la armadura en la vida cristiana. Por ejemplo, el cinto _____; la coraza de _____; y así sucesivamente. De esta manera, Dios te está demostrando que de cierto combatirá las acechanzas del diablo.

ᘛ ¿Cuáles son las piezas específicas de la armadura que el hijo de Dios debe "tomar"[20]? Menciona estas piezas y luego describe qué representa cada una de ellas como acabas de hacerlo en la pregunta anterior.

ᘛ ¿Cuántas armas ofensivas tiene el hijo de Dios?

a. ¿Cuáles son?

b. ¿Qué te enseña esto en relación a combatir al enemigo? ¿Qué debes utilizar?

c. ¿Cómo podemos relacionarlo con Juan 8:44?

d. ¿Qué relación hay entre todo esto y el pasaje que has leído en 2 Corintios 11:2-4, 13-15?

e. ¿Qué importancia tiene el establecer un hábito sistemático de estudio bíblico como el que estás haciendo con la Nueva Serie de Estudio Inductivo? ¿En qué te ayuda este estudio?

∾ ¿Cómo se relaciona 1 Pedro 5:8,9 con lo aprendido en Efesios sobre el bienestar espiritual?

∾ ¿Cómo puede uno fortalecer su fe?

∾ ¿Qué lugar crees que tiene la oración en la batalla espiritual? ¿Podría ser un "radiotransmisor - receptor portátil" para que al ir a la batalla recuerdes siempre mantener la comunicación con el Centro de Operaciones? Es muy esencial responder esto.

∾ Bueno, nuestro estudio de Efesios ha llegado a su fin.

    a. ¿Qué es lo que ha ministrado más en tu vida durante estas siete semanas de estudio?

    b. ¿Qué verdades de Efesios te han libertado de la esclavitud? ¿Cómo lo hicieron?

### Pensamiento para la Semana

La vida está llena de conflictos. Uno de los mayores problemas es la batalla en tu mente, por tus creencias, por tus pensamientos, por los modelos que hemos escogido para vivir, y por los principios por los que estamos dispuestos a morir.

Alguna vez estuviste viviendo bajo el dominio del príncipe de la potestad del aire. Caminaste bajo su dominio de acuerdo con los deseos de la carne y los deseos de tu mente. Pero cuando conociste la Verdad, al Señor Jesucristo, Él te libertó y te sentó en los lugares celestiales, y te bendijo con toda bendición espiritual, que necesitarás para vivir más que vencedor.

Al enemigo le gustaría que olvidaras que tienes una lucha. Él se complacería que pelearas en tu propia carne y sin tu armadura espiritual. Se regocijaría si perdieras contacto y comunicación con el Capitán del Ejército Celestial.

Por lo tanto, debes estar alerta y vigilante, porque la batalla no decrecerá. Estamos viviendo los últimos tiempos, le queda poco tiempo al enemigo y él lo sabe. Se encuentra desesperado y derrotado... ¡no lo olvides! Vístete diariamente con la armadura de Dios. Ciñe tus lomos con la Palabra de Dios no adulterada, pura, sin mentiras. Protege tus órganos vitales con la coraza de justicia. Apártate del pecado. Vive a la manera que Dios ha dicho. Y sé lleno del Espíritu.

Dios dice que andes en el Espíritu, y que así no serás tentado por la carne. Camina con el calzado de la paz. Recuerda que ya estás en paz con Dios, pues Jesucristo obtuvo esa paz en el Calvario. Mantente firme en esa confianza y toma el escudo de la fe. No olvides que cuanto más conozcas todo el consejo de Dios, más fuerte será tu escudo. De esta manera te resultará cada vez más fácil apagar los dardos de fuego que el maligno te lanzará. Toma el yelmo de la salvación. Recuerda a quién perteneces ¡Jamás lo olvides! Y puesto a que perteneces a Cristo y Él mora en ti, mayor es el que está en ti que el que está en el mundo.

Por último, saca tu espada y mantenla en alto. Es la espada del Señor, la Palabra de Dios. Es la misma espada que saldrá de la boca de Cristo cuando Él venga a reinar sobre esta tierra, como Rey de reyes y Señor de señores.

¡El Capitán del Ejército Celestial viene! Mantente ocupado hasta que Él venga. Pronto te liberará de los ataques de Satanás, pues éste será lanzado al lago de fuego para ser atormentado por los siglos de los siglos. ¡Pero tú pasarás la eternidad en la ciudad de nuestro Dios!

## Tema de Efesios:

División
por secciones

| | TEMA DE LOS CAPÍTULOS | Autor: |
|---|---|---|
| 1 | | Fecha: |
| 2 | | Propósito: |
| 3 | | Palabras Clave: |
| 4 | | |
| 5 | | |
| 6 | | |

# Notas

## Gálatas

1. RV60 vosotros; NVI les
2. RV60 justificar
3. NVI decisión humana
4. NVI circuncidados
5. NVI jactarse

## Efesios

1. NVI en su Amado
2. RV60; NVI según
3. RV60 elegisteis
4. NVI qué, cual, cuan
5. NVI el que gobierna las tinieblas
6. RV60 el dios de este siglo
7. RV60 vosotros
8. RV60 vosotros
9. RV60 andéis
10. NVI pueblo de Dios
11. NVI vieja naturaleza
12. RV60 por lo cual; NVI por lo tanto
13. RV60 andad; NVI lleven una vida
14. NVI poderes
15. NVI autoridades

16. RV60 gobernadores de las tinieblas de este siglo; NVI potestades que dominan este mundo de tinieblas
17. RV60 huestes espirituales de maldad en las regiones celestiales; NVI fuerzas espirituales malignas en las regiones celestiales
18. NVI hacer frente
19. NVI peticiones
20. NVI pónganse

## Acerca De Ministerios Precepto Internacional

Ministerios Precepto Internacional fue levantado por Dios para el solo propósito de establecer a las personas en la Palabra de Dios para producir reverencia a Él. Sirve como un brazo de la iglesia sin ser parte de una denominación. Dios ha permitido a Precepto alcanzar más allá de las líneas denominacionales sin comprometer las verdades de Su Palabra inerrante. Nosotros creemos que cada palabra de la Biblia fue inspirada y dada al hombre como todo lo que necesita para alcanzar la madurez y estar completamente equipado para toda buena obra de la vida. Este ministerio no busca imponer sus doctrinas en los demás, sino dirigir a las personas al Maestro mismo, Quien guía y lidera mediante Su Espíritu a la verdad a través de un estudio sistemático de Su Palabra. El ministerio produce una variedad de estudios bíblicos e imparte conferencias y Talleres Intensivos de entrenamiento diseñados para establecer a los asistentes en la Palabra a través del Estudio Bíblico Inductivo.

Jack Arthur y su esposa, Kay, fundaron Ministerios Precepto en 1970. Kay y el equipo de escritores del ministerio producen estudios **Precepto sobre Precepto,** Estudios **In & Out**, estudios de la **serie Señor**, estudios de la **Nueva serie de Estudio Inductivo**, estudios **40 Minutos** y **Estudio Inductivo de la Biblia Descubre por ti mismo para niños.** A partir de años de estudio diligente y experiencia enseñando, Kay y el equipo han desarrollado estos cursos inductivos únicos que son utilizados en cerca de 185 países en 70 idiomas.

## MOVILIZANDO

Estamos movilizando un grupo de creyentes que "manejan bien la Palabra de Dios" y quieren utilizar sus dones espirituales y talentos para alcanzar 10 millones más de personas con el estudio bíblico inductivo.

Si compartes nuestra pasión por establecer a las personas en la Palabra de Dios, te invitamos a leer más. Visita **www.precept.org/Mobilize** para más información detallada.

## RESPONDIENDO AL LLAMADO

Ahora que has estudiado y considerado en oración las escrituras, ¿hay algo nuevo que debas creer o hacer, o te movió a hacer algún cambio en tu vida? Es una de las muchas cosas maravillosas y sobrenaturales que resultan de estar en Su Palabra – Dios nos habla.

En Ministerios Precepto Internacional, creemos que hemos escuchado
Dios hablar acerca de nuestro rol en la Gran Comisión. Él nos ha dic
en Su Palabra que hagamos discípulos enseñando a las personas cón
estudiar Su Palabra. Planeamos alcanzar 10 millones más de personas c
el Estudio Bíblico Inductivo.

Si compartes nuestra pasión por establecer a las personas en la Palabra
Dios, ¡te invitamos a que te unas a nosotros! ¿Considerarías en oraci
aportar mensualmente al ministerio? Si ofrendas en línea en **www.precep
org/ATC**, ahorramos gastos administrativos para que tus dólares alcanc
a más gente. Si aportas mensualmente como una ofrenda mensual, men
dólares van a gastos administrativos y más van al ministerio.
Por favor ora acerca de cómo el Señor te podría guiar a responder
llamado.

## Compra Con Propósito

Cuando compras libros, estudios, audio y video, por favor cómprale
de Ministerios Precepto a través de nuestra tienda en lín
(**http://store.precept.org/**) o en la oficina de Precepto en tu país. Sabem
que podrías encontrar algunos de estos materiales a menor precio e
tiendas con fines de lucro, pero cuando compras a través de nosotros, la
ganancias apoyan el trabajo que hacemos:

• Desarrollar más estudios bíblicos inductivos
• Traducir más estudios en otros idiomas
• Apoyar los esfuerzos en 185 países
• Alcanzar millones diariamente a través de la radio y televisión
• Entrenar pastores y líderes de estudios bíblicos alrededor del mundo
• Desarrollar estudios inductivos para niños para comenzar su viaje con Dic
• Equipar a las personas de todas las edades con las habilidades es estudi
   bíblico que transforma vidas

Cuando compras en Precepto, ¡ayudas a establecer a las personas en l
Palabra de Dios!